IT 风险

〔美〕乔治·韦斯特曼　理查德·亨特　著
沈峰　译

商务印书馆
2011年·北京

图书在版编目(CIP)数据

IT风险/(美)韦斯特曼,亨特著;沈峰译. —北京:商务印书馆,2011
(哈佛经管图书)
ISBN 978 - 7 - 100 - 07368 - 4

Ⅰ.①I… Ⅱ.①韦… ②亨… ③沈… Ⅲ.①信息技术－高技术产业－风险管理 Ⅳ.①F49

中国版本图书馆 CIP 数据核字(2010)第 184189 号

所有权利保留。
未经许可,不得以任何方式使用。

IT 风 险

〔美〕乔治·韦斯特曼　理查德·亨特　著
沈　峰　译

商 务 印 书 馆 出 版
(北京王府井大街36号 邮政编码 100710)
商 务 印 书 馆 发 行
北京瑞古冠中印刷厂印刷
ISBN 978 - 7 - 100 - 07368 - 4

2011年9月第1版　　开本 700×1000 1/16
2011年9月北京第1次印刷　印张 11½
定价:27.00元

商务印书馆—哈佛商学院出版公司经管图书
翻译出版咨询委员会

（以姓氏笔画为序）

方晓光　盖洛普（中国）咨询有限公司副董事长
王建铆　中欧国际工商学院案例研究中心主任
卢昌崇　东北财经大学工商管理学院院长
刘持金　泛太平洋管理研究中心董事长
李维安　南开大学商学院院长
陈国青　清华大学经管学院常务副院长
陈欣章　哈佛商学院出版公司国际部总经理
陈　儒　中银国际基金管理公司执行总裁
忻　榕　哈佛《商业评论》首任主编、总策划
赵曙明　南京大学商学院院长
涂　平　北京大学光华管理学院副院长
徐二明　中国人民大学商学院院长
徐子健　对外经济贸易大学副校长
David Goehring　哈佛商学院出版社社长

致中国读者

哈佛商学院经管图书简体中文版的出版使我十分高兴。2003年冬天,中国出版界朋友的到访,给我留下十分深刻的印象。当时,我们谈了许多,我向他们全面介绍了哈佛商学院和哈佛商学院出版公司,也安排他们去了我们的课堂。从与他们的交谈中,我了解到中国出版集团旗下的商务印书馆,是一个历史悠久、使命感很强的出版机构。后来,我从我的母亲那里了解到更多的情况。她告诉我,商务印书馆很有名,她在中学、大学里念过的书,大多都是由商务印书馆出版的。联想到与中国出版界朋友们的交流,我对商务印书馆产生了由衷的敬意,并为后来我们达成合作协议、成为战略合作伙伴而深感自豪。

哈佛商学院是一所具有高度使命感的商学院,以培养杰出商界领袖为宗旨。作为哈佛商学院的四大部门之一,哈佛商学院出版公司延续着哈佛商学院的使命,致力于改善管理实践。迄今,我们已出版了大量具有突破性管理理念的图书,我们的许多作者都是世界著名的职业经理人和学者,这些图书在美国乃至全球都已产生了重大影响。我相信这些优秀的管理图书,通过商务印书馆的翻译出版,也会服务于中国的职业经理人和中国的管理实践。

20多年前,我结束了学生生涯,离开哈佛商学院的校园走向社会。哈佛商学院的出版物给了我很多知识和力量,对我的职业生涯产生过许多重要影响。我希望中国的读者也喜欢这些图书,并将从中获取的知识运用于自己的职业发展和管理实践。过去哈佛商学院的出版物曾给了我许多帮助,今天,作为哈佛商学院出版公司的首席执行官,我有一种更强烈的使命感,即出版更多更好的读物,以服务于包括中国读者在内的职业经理人。

在这么短的时间内,翻译出版这一系列图书,不是一件容易的事情。我对所有参与这项翻译出版工作的商务印书馆的工作人员，以及我们的译者，表示诚挚的谢意。没有他们的努力，这一切都是不可能的。

哈佛商学院出版公司总裁兼首席执行官

万季美

序

漫议信息技术与系统风险的内在联系

我愿意向信息系统和信息管理领域的同行,以及关心信息化和信息社会的广大读者推荐乔治·韦斯特曼和理查德·亨特的这本著作,最主要的原因是该书的议题:信息技术与系统风险的内在联系。在目前已有的关于信息安全的著作中,从高层管理者的角度,对于这个议题进行深入讨论的,还没有见到。我认为,这样的研究对于我们从根本上认识信息系统的风险,从根本上提高信息管理的水平、保障信息系统的安全是很有必要的。

对于现代信息技术和复杂系统的风险之间的内在联系,或者本质联系的认识,人们是经历了一个比较曲折的过程的。几十年前,以计算机和现代通信技术为主要代表的现代信息技术开始显露出其巨大的潜力的时候,人们普遍地沉醉于它们带来的、几乎是无穷的信息处理能力之中。神话中的千里眼、顺风耳,在这一代人的时间内,迅速变成了日常生活中的现实。这样的变化在人类历史上,是空前的、十分罕见的巨大飞跃。人们在这种成就面前欣喜若狂是非常自然的、毫不奇怪的。在那段时期,几乎没有人考虑这样一个问题:"大自然(或者命运,或者上帝)给了我们如此慷慨的礼物,难道就不需要有任何回报或代价吗?"事实上,在短时间内这种代价就开始显示出来了。这就是复杂系统的脆弱性,特别是大型的、复杂的信息系统的脆弱性。近年来,这一点已经开始得到了越来越多的关注和研究。从全球气候和生态危机、恐怖袭击、核泄漏和核安全,一直到北美大范围停电,大量事实已经表明,对于大系统的复杂性、脆弱性的认识和对策,是21世纪人类面临的诸多挑战背后的一个基础性的难题。而基于现代信息技术的大型信息系统的脆弱性则是其最直接、最现实的表现之一。显然,对于高级管理人员来说,这已经不是理论问题,而是非常现实的、紧迫的现实问题了。

回顾人类历史，技术进步在带来巨大效益的同时，也带来意想不到的新问题，几乎已经被证明是一条客观规律了。人们学会用火，大大提高了生活质量，也带来了火灾的隐患；抗生素的发明，提高了人们抵御疾病的能力，同时也带来了由于滥用抗生素引起的一系列问题。在这方面，最突出的例子莫过于工业化进程中的化石能源的利用了。

能源利用技术在工业革命中决定性作用是众所周知的。在一定意义上讲，工业革命给人类带来的巨大进步在很大程度上应当归功于它。然而，正是以煤和石油为主的化石能源的广泛使用，导致了环境和能源危机，从早期的伦敦酸雾到今天的全球气候变暖，人们必须面对它带来的负面效应，不得不花费巨大的人力、物力去处理其各种后果。对于大自然的这种"回报"或"代价"，人类在开始的时候也是没有认识到的，只是到了其严重后果显示出来的时候，才引起关注。（例如，著名的罗马俱乐部报告《增长的极限》）请看，这种情况和今天的现代信息技术的作用是多么的相似啊！所幸的是，人类已经从历史中得到了教益，我们不用等二三百年才认识到技术进步带来的负面效应，而是只用了不到五十年。

目前，从政府到企业对于信息和信息系统的安全正在给予越来越多的关注和投入，关于信息安全的书籍已经不少，大学里也已经在开设信息安全专业。这一切都表明，我们上面所说的理念，已经开始为各界接受。这是值得我们感到欣慰的。然而，还必须看到，目前的关注、投入以及出版的书籍，大多数还是在技术层面进行讨论，而没有从根本的理念上、从社会进步的全局上去认识和对待这件事情。正是在这个意义上，本书提供了有益的启示。作者从企业的高层管理者的角度，深入分析了现代信息技术所支持的信息系统的必然的、内在的风险，并由此提出了积极的应对策略和方法，给管理者提供了根本性的，又是切实有效的解决方案。

该书的另一个值得称道之处是，从积极的方面强调了"风险就是机遇"的重要理念。这是信息时代思维不同于工业时代思维的重要方面。工业时代的管理思想强调确定性、规范化，而把不确定性和风险简单地看成有害的、破坏性的因素，尽一切力量努力排除它们。这种思维方式的局限性在今天已经越来越明显地暴露出来，越来越不能适应社会和经济环境对于管理者的要求。信息时代的思维方式在继承了工业时代的标准化、规范化的积极成果的同时，用辩证的观点，正确地、全面地看待不确定性和风险，一方面承认不确定性是永恒的客观存在，强调正确应对而不是试图完全消除不确定性,另一方面从积极的角度去看待不确定性和风险,认为"风险就是机遇"。事实证明,风险在创新人才看来,正是发挥创造性、开拓全新局面的难得机遇。这一理念已经在近年来得到了许多成功案例的支持。这一点在该书中得到了充分的展开,并结合现代信息技术和信息系统的实际,给出了切实可行的、现实的策略和方法。这对于今天的管理者来说是非常有益的、非常重要的。

需要说明的一点是,关于这个议题的研究应当包括企业层面和社会层面两个层次。本书作为面向管理者的读物,主要是从企业层面进行讨论,这是很自然的。目前从社会层面进行这个议题的讨论的书籍和文章还不多见。我们希望能够在不久的将来,能够见到有这方面的成果问世。

感谢译者沈峰博士和商务印书馆的辛勤劳动,使得这本书得以在比较短的时间内问世。在目前翻译工作不被认为是科学研究成果的情况下,及时地引进国外的、高水平的好书,是需要勇气和奉献精神的。因此,这是值得称道和鼓励的。

中国人民大学 信息学院 教授
中国信息经济学会 名誉理事长

陈 禹
于加拿大 多伦多

目 录

序言与致谢 i

导言——IT风险及其重要性 1

    IT风险的起因 5
        无效的IT治理 5
        不可控的错综复杂性 7
        对风险的熟视无睹 7
    IT风险既是经营风险也是企业价值 8
        本书结构及读者对象 9

第一章　4A风险管理框架 12

    IT风险的整体观 13
    4A分析框架 15
    利用4A分析框架指导IT风险管理 17
    应用4A分析框架分析风险的权衡置换 21
        例一：采购一套非标准方案 21
        例二：合并系统 21
        例三：快速成长与控制 22
    应用4A分析框架化解隐含的假设分歧 23

第二章　IT风险管理的三项核心修炼　26

基础 28
　　脆弱的基础会放大所有的风险 29
　　修缮基础是一项长期工程 30
风险治理流程 32
风险意识的组织文化 35
　　技术在降低风险中的作用也是有限的 35
　　风险意识文化的营造是自上而下的 36

第三章　修缮基础——巩固IT风险塔的基础　38

修缮基础——值得的付出 40
从IT风险金字塔的底部开始并向上推进 40
按照三个步骤修缮基础 43
制订和检验业务连续性计划 44
　　应用业务影响分析，确定优先次序和恢复的时间表 46
　　制订计划 46
　　实施和检验计划 48
查找和堵住堤坝中的漏洞 49
　　制止外溢 50
　　实施IT审计 51
基于标准框架实施控制和审计 55

第四章　修缮基础——精简基础　58

曾经的投入给IT基础留下沉重负担 59
精简基础设施的两种途径 60
　　快速转型有效但具有风险 60
　　渐进转型缓慢但稳健 60
基础设施的成功转型遵循三个步骤 61

体系架构确定航线并确保转型顺利	62
精简基础设施触发变革和积聚动力	65
细致的精简应用系统，完善基础设施的修整	66
基于价值和风险替换遗留应用系统的业务方案	66
阿美赫斯掌握慢但稳的方法	68
风险和价值临界点可以提前几年预测	69
制订再投资计划和更新预算	72

第五章　开发风险治理流程　74

PFPC 对 IT 风险治理流程的需求 ⋯⋯ 76
一种有效的、多层次的风险治理流程 ⋯⋯ 76
  IT 风险治理流程中的角色 ⋯⋯ 77
  IT 风险管理角色的实践 ⋯⋯ 80
IT 风险治理流程的步骤 ⋯⋯ 82
  确定风险政策与标准 ⋯⋯ 83
  识别与评估风险 ⋯⋯ 84
  风险轻重缓急排序与任务分配 ⋯⋯ 89
  风险处理 ⋯⋯ 89
  监视、跟踪风险 ⋯⋯ 90
有效 IT 风险治理流程的五个关键做法 ⋯⋯ 93
PFPC 公司 IT 风险治理流程的实施 ⋯⋯ 95

第六章　建立有风险意识的企业文化　100

风险厌恶型文化逃脱不了风险 ⋯⋯ 101
风险意识文化自上而启 ⋯⋯ 102
通过细分受众和频繁交流提高风险意识 ⋯⋯ 105
  高管的风险意识就是领导力和项目状态 ⋯⋯ 108
  经理的风险意识就是整合和执行 ⋯⋯ 109
  IT 人员的风险意识就是以风险意识的方式建立系统 ⋯⋯ 109

坚持从上到下的推动 …………………………………………… 111
不要等待被落下的钢琴砸中才具有风险意识 ………………… 112

第七章　加速三项修炼　114

合格胜任的基础架构 ………………………………………… 115
合格胜任的风险治理流程 …………………………………… 116
合格胜任的风险意识文化 …………………………………… 117
影响中心修炼的文化、环境和能力因素 …………………… 120
　　组织文化的影响 ………………………………………… 120
　　历史的影响 ……………………………………………… 121
　　规模的影响 ……………………………………………… 123
　　行业影响（但不如规模的影响那么大）……………… 123
　　地域影响 ………………………………………………… 124
　　能力影响（通常是首要的）…………………………… 125
选择你的中心修炼 …………………………………………… 125
　　舒尔公司：IT风险和小制造商 ………………………… 128
　　SAMPENSION公司：IT风险与中型养老保险公司 …… 130

第八章　展望未来　133

以正确的顺序展望未来 ……………………………………… 133
认识外部因素与战略举措 …………………………………… 134
　　关注外部因素变化的预警信号 ………………………… 135
　　审视战略举措 …………………………………………… 137
透视三项修炼 ………………………………………………… 140

第九章　高管改善风险管理十大策略　143

1. IT风险即业务风险 ………………………………………… 144
2. 以4A特性从长期和短期两方面思考风险 ……………… 144
3. 堵住堤坝上的漏洞，预备迎接更大的洪水 …………… 144

目录

4. 精简基础架构 ………………………………………… 145
5. 创建风险治理结构和流程：将风险管理融入所有的业务流程和决策之中 ……………………………………… 145
6. 让所有的员工正确地领会与他们最为相关的风险、弱点和政策 … 146
7. 建设风险意识的企业文化 …………………………… 146
8. 测量有效性 …………………………………………… 146
9. 向前看 ………………………………………………… 147
10. 做个好榜样 …………………………………………… 147

译后记 149

注释 152

关于作者 ……………………………………………………… 160

序言与致谢

要撰写一本关于IT风险的书就如同记录描绘人生——课题如此之浩瀚，内容如此之丰富，真不知从何着手，要将什么内容写进来？如何表述？我们决定将本书的关注点聚焦在关键却被人们忽视的问题上：企业价值与IT风险管理的联系纽带。

任何企业都时刻面临各类风险。自企业开张营业，风险就降临了，直至企业歇业关门。这其中包含IT风险，其危害的可能性不断增长直至企业管理者无法再忽视它的存在。与其他任何风险一样，IT风险无法被消除，只能被管理。管理IT风险就是在风险与回报之间，在企业能够承受的风险与宁愿避免的风险之间做权衡取舍。但是，直到如今，企业的经理们还是缺少在这种意义上管理IT风险的工具。通过本书，我们将弥补这个空白。

本书将同时从IT和经营业务两个方面考虑，帮助企业经理们在面对IT风险的问题时能镇静自若的决策，确保IT风险能得到应有的管理。我们解决了以下问题：企业高管层如何认识组织中的IT风险？他们如何与IT主管一道将企业的风险轮廓勾画出来？IT主管和业务主管如何建立起管理IT风险的能力？在处理面临的风险时，他们如何一起做出合乎实情的权衡取舍？

关于本项研究

本书是基于麻省理工学院斯隆管理学院（MIT Sloan School of Management，MIT CISR）信息系统研究中心与高德纳高管研究项目（Gartner Executive Programs）大量研究的成果。本项研究调研分析了许多有效的和无效的管理IT风险的方法。通过用真实世界的案例阐释，本书提供了一个实用的方法，用来理解和管理包含于企业 IT 资产、流程和人员之中的企业风险。

本书的基础和观点来自于我们主持的以下一些独立的研究成果：

- 由乔治·韦斯特曼(George Westerman)开展的探索性研究。研究在 11 家企业对 49 名 CIO 和他们的同行做了访谈，考察了在这些企业 IT 风险的构成和各个企业管理 IT 风险的活动内容。本次研究提出了风险及风险管理能力的研究框架，为我们后来的研究奠定了基础。
- 由高德纳高管研究项目资助，在乔治·韦斯特曼主持下，对 134 家公司的调查。这项调研的统计数据使我们明白了四项 IT 风险最重要的驱动因素，以及什么可以使风险管理规则发挥作用。
- 乔治·韦斯特曼和理查德·亨特(Richard Hunter)共同主持的九家企业案例研究。它是我们为高德纳高管研究项目所做的主题报告的部分内容。通过与资助人和客户的共同努力，内容得到了扩展。透过这项调研，我们深化了认识和研究的实用观点。
- 我们多年在 IT 管理领域管理、研究和写作活动中收集的其他案例研究。中包含自己亲历的经验、访谈和系统研究，内容涉及 IT 的实施，经营的灵活性，过时遗留 IT 资产的转换，CIO 领导力等等。尽管在那时我们还不知道这些内容涉及到 IT 风险，但是随着我们对风险管理的认识，在我们的研究中它们变得紧密相关了。我们也认识到风险管理几乎能强化 IT 管理的各个方面。
- 2,000 多位 IT 主管、非 IT 主管和中层经理的观点意见。他们启发性的真知灼见是检验、提炼和改进我们认识的重要宝贵源泉。多年来，我们一直专注研究这些观点和理念，力图使它们成为真实世界实用的指针。

本书的读者

本书为来自经营业务部门和 IT 部门各类高管和经理提供了大量有用的观念、见解和案例。企业高管层和董事会成员可以利用这些观念和框架认识在管理 IT 风险中他们的责任，了解如何更好地履行他们重要的监督职责。CIO 可以利用本书填补与业务经营主管的鸿沟——使大家都能轻松自如的管理 IT 风险，同时兼顾

IT 与业务两个方面,建立切合实际的风险管理能力。

那些专项职能高管也能高效的利用本书。对于那些负责企业风险管理、安全、审计或合规管理的高管,他们会发现许多极有用的工具和案例,有助他们的风险管理活动(其中也包含 IT 风险管理)。对于其他一些专项高管——从经营业务领导到 IT 领导,无论是负责基础设施、安全、服务、应用开发,还是人力资源和关系管理——都能找到有价值的理念,辅助他们管理风险,理清他们管理风险的职责。最后,中层 IT 经理能够利用本书更好的理解 IT 与企业风险之间的关系,明了如何提高风险管理能力,帮助掌控企业风险状况。

致　　谢

要感谢的人太多了,都不知从何说起。首先,我们要感谢许许多多的经理主管们,他们腾出宝贵的时间为我们谈论他们是如何管理 IT 风险的。许多麻省理工学院和高德纳之外的人——特别是戴维·福谢迪(David Fachetti)、查尔斯·加文(Charles Gavin)、迈克尔·哈特(Michael Harte)、罗比·希金斯(Robbie Higgens)、拉里·洛(Larry Loh)、科瓦夫·奥福里-博阿腾(Kwafo OforiBoateng)、里克·奥马丁(Rick Omartian)、汤姆·普林斯(Tom Prince)、帕特里克·珀塞尔(Patrick Purcell)、阿恩·斯基德(Arne Skeide)和卡尔·瓦克斯(Karl Wachs)——在设计研究构架,解析调研数据上发挥着非常重要的作用,还有部分人同样如此,但是为了保密的原因我们不能在此提及他们的名字。我们还要感谢许多参与了我们有关风险主题采访的人,他们完成了我们的调查表,阅读了报告,提出了许多宝贵的见解。

要感谢的还有我们的同事,谢谢他们持续不断的无私奉献和支持。乔治在麻省理工学院斯隆管理学院信息系统研究中心的同事——朱莉·科伊拉(Julie Coiro)、戴维·菲茨杰拉德(David Fitzgerald)、克里斯·福利亚(Chris Foglia)、尼尔斯·方斯塔德(Nils Fonstad)、查克·吉布森(Chuck Gibson)、杰克·罗克亚特(Jack Rockart)、珍妮·罗斯(Jeanne Ross)和彼得·韦尔(Peter Weill)——总是在贡献他们的良言与真知灼见。理查德在高德纳的同事〔包括高德纳高管研究项目研究团队和团队的领导马克·麦克唐纳(Mark McDonald)、戴夫·阿伦(Dave

Aron)、黛安娜·贝里(Diane Berry)、马库斯·布洛斯(Marcus Blosch)、芭芭拉·麦克纳林(Barbara McNurlin)、帕特里克·米汉(Patrick Meehan)、莉莉·莫(Lily Mok)、蒂娜农诺(Tina Nunno)、安德鲁·罗斯韦尔-琼斯(Andrew Roswell-Jones)、查克·塔克(Chuck Tucker)和安德鲁沃克(Andrew Walker)〕和保密与安全委员会的成员。风险与防范研究委员会的成员〔包括罗伯特·阿克利(Robert Akerley)、克里斯琴·伯恩斯(Christian Byrnes)、弗伦奇·考德威尔(French Caldwell)、里克德洛托(Rick deLotto)、特里·贾法里安(Trish Jaffarian)、阿维瓦·利塔(Avivah Litan)、里奇·莫古(Rich Mogull)、约翰·佩斯卡托雷(John Pescatore)、罗米利·鲍威尔(Romilly Powell)、保罗·普罗克特(Paul Proctor)、唐纳·斯科特(Donna Scott)和罗伯塔·威蒂(Roberta Witty)〕为我们提供了丰富的研究报告和评论,支持我们的工作。在此我们还得感谢一些来自麻省理工学院硕士研究生的研究助理:维克拉姆·马希达(Vikram Mahidar)、米歇尔·萨拉查(Michele Salazar)、菲利普·孙(Philip Sun)、罗伯特·沃波尔(Robert Walpole)、和伦尼·泽尔策尔(Lenny Zeltser)。要致谢的还有凯瑟琳·安德森(Catherine Anderson)、杰姆·巴林顿(Jim Barrington)、布赖恩·克利里(Brian Cleary)、克里斯·柯伦(Chris Curran)、迈克尔·达菲(Michael Duffy)、迈克·弗卢顿(Mike Flouton)、巴德·马塔瑟(Bud Mathaisel)、彼得·摩根(Peter Morgan)、迈克尔·施拉格(Michael Schrage)、约翰·斯维克拉(John Sviokla)和瑞图·阿加瓦尔(Ritu Agarwal)教授、辛西娅·比思(Cynthia Beath)、温·金(Wynne Chin)、马尔科·兰瑟蒂(Marco Iansiti)、布莱克·艾夫斯(Blake Ives)、卡勒·吕蒂宁(Kalle Lyytinen)、沃伦·麦克法伦(Warren McFarlan)、瑞安·纳尔逊(Ryan Nelson)、杰夫·桑普尔(Jeff Sampler),谢谢他们的建议和为此项研究所做的投入。

最后,我们要感谢帮助我们成功写完这本书的朋友和同事。马克·麦克唐纳,鲍勃·杨(Bob Yang)和三位本书初稿的匿名评论者,他们为本书的最终定稿提出了非常宝贵的意见。从最初的设想到最终定稿,戴维·菲茨杰拉德、珍妮·罗斯和彼得·韦尔为本书的写作提出了不少金玉良言。还有,如果没有来自高德纳集团的希瑟·利维(Heather Levy)和哈佛商学院出版社的杰奎琳·墨菲(Jacqueline Murphy),就失去了他们专业的投入、努力和编辑的管理技巧,这本书也永远无法成功出版,所以也要向他们致谢。

乔治的个人补充

首先我得感谢我的妻子玛丽莲·奥古斯丁（Marilyn Augustyn）。对我来说，她是本书理念的生动证明：结婚就是一个风险，但是如果你管理得好，它会产生极大的价值回报。感谢你的爱、你的容忍、你的理解和在这漫长写作期间的帮助。还有我的孩子们，亨利（Henry）和克莱尔（Clare），他们为我带来新的生活，并且日复一日的保持着。最后，我要感谢我的父母、姊妹、朋友和导师，他们引导我走向正确的道路，鼓励我探索新生事物，享受其中所有的快乐。我永怀感激。

理查德的个人补充

我要感谢我的妻子，帕蒂（Patty）、我的孩子迪安（Dean）和苏珊（Susan）；还有我的继子吉姆（Jim）和我的孙辈们伊莱亚斯·海斯（Elias Hayes）和塞缪尔·理查德（Samuel Richard），他们是我最重要、最好的人。我们承受着无常的风险，我们也沐浴在奖赏之中。

导言

IT风险及其重要性

半个世纪以来,信息技术的应用以惊人的速度发展,创造了一个新世界,IT不再是简单的广泛应用,而是无处不在的渗透,将企业内外错综复杂的连接起来。随着企业对IT的依赖和它们之间的相互依存逐渐增强,IT风险的严重性也随之增大。什么是IT风险?IT风险是指由IT的失败和错误使用引发的意外事件给企业目标带来威胁的可能性——它不再局限在企业的IT部门或数据中心。一项IT风险事故可能会给企业带来严重的后果,攸关企业很多方面的利益相关人。总之,IT风险事关重大,已日益严峻。

IT风险的含义及其重要性的变化是许多高层管理者们始料不及的。每一位高层主管曾经都经历过IT组织和IT系统的问题,包括项目开发的延迟,成本的超支,暂时的或是延续的服务缺失,数据丢失或被窃,系统的界面和限制使得流程不必要的复杂化,系统的冗余导致不精准的信息,如此等等堆积如山的问题。主管们逐渐明白这是通病,甚至学会忍受诸如此类的常见问题,因为它们并未对关键的经营造成影响。然而,泰克电子公司(Tektronix)和柯麦尔航空公司(Comair)的案例证明了这种看法已不再适用。

在2004年12月24日,柯麦尔航空公司——达美航空公司(Delta Air Lines)价值7.8亿美元的子公司,经历了一场IT失控引发的事故危机,当时,公司的航空机务人员的日程调度系统失灵。[1]而航空公司的机务人员的日程调度系统是至关重要的。联邦航空管理委员会的安全条例限制飞行员在二十四小时内的飞行时间。日程调度系统用来确保条例被严格遵从。没有日程调度系统,飞机就不能运行。

事故适逢假期，而且恰恰是美国航空公司通常最忙的12月。2004年的12月又比常年更加忙，异常的坏天气使航空公司不得不取消和重新安排许多航班，包括12月22日至24日的91％的航班。柯麦尔航空公司没人知道飞行机务人员日程调度系统（它是从外部的供应商采购的）最大的能力是处理每月3.2万个航班变更。[2] 在圣诞节前夕晚上10点左右，当柯麦尔航空公司输入新的一个航班变更时，超出了系统的每月更新能力，系统突然停止运行。

柯麦尔航空公司的技术员们很快意识到系统不可能很容易的立即重新启动。唯一的解决办法是尽快彻底的重装系统。尽管技术团队在12月25日完成了任务，重装了系统，但是，柯麦尔航空公司却很难将散布在各地的机务人员和飞机归集到需要的地方。一直到12月29日，航空公司才恢复正常的运行。

当航空公司在努力从事故灾难中恢复之时，近20万滞留的旅客无助地游荡在美国各地的机场。因为在假日旅游季节航班都被预订，因而没有多余的可供调配的飞机。整个圣诞节期间，当地的和全国性的新闻电视台的摄像记者在机场跟随着旅客采访，将旅客和柯麦尔航空公司的灾难直播给美国的公众。

在系统崩溃事故两周后，美国运输委员会（U. S. Secretary of Transportation）宣布开始对这起事故展开调查。一周后，公司总裁兰迪·拉德马赫（Randy Rademacher）辞职。除了损害了公司的名誉、管理层和顾客，这次事故还造成柯麦尔航空公司收入的直接损失估计高达2,000万美元。[3] 换言之，仅这次事故的损失就几乎达到了上一季度公司的全部利润2,570万美元。

在系统出故障之前，公司已经数次计划又推迟了重置日程调度系统。[4] 尽管出现了这样的后果，这些决策仍然可以算是理性的经营决策。这个系统已经运行了好多年了，这样整个系统崩溃的可能性表面上看是很低的，尤其是系统失败起因于一个毋庸置疑的源头。很不幸，系统崩溃的时间点确实糟糕透了，对公司和顾客造成了最大的伤害；但是这个时间点几乎是无法预知的。

但是，事件不仅仅是一项不幸被推迟的系统升级。对于这样一个关键业务流程，柯麦尔航空公司缺少一个切实可行的紧急恢复预案。公司的管理层对这样影响重大的事故没有做好应急计划，这似乎是不可能的。当软件系统宕机了，没有备份系统立即启动投入服务，也没有在线支持的外援投入；在系统维修期间，也没有预案辅助公司实施人工运转。

导言　IT风险及其重要性

也就是说,这起事件不仅是公司计算机系统的失败,而且是柯麦尔航空公司对IT风险的严重后果的认识不足和不合理的管理流程造成的。我们要清楚认识到,公司的重大战略风险——IT风险或是其他风险——要被管理控制在一个可接受的水平,这是企业高层管理层的职责。或许这就是为什么公司的总裁要因此而辞职,而不是CIO(Chief Information Officer)。

柯麦尔航空公司的案例说明了可用性的风险(risk of availability)。泰克电子公司的案例则说明了灵活性(agility)的风险——在可控的成本和风险之下迅速变化的能力。在20世纪90年代中期,这家市值18亿美元的电子制造商得知,他们剥离一个业务部门的计划遇到了意料之外的麻烦。[5] 对于泰克电子公司的三个业务单元部门,在至关重要的系统之间,关键的财务流程与制造流程紧密相连,相互依赖。要从这堆紊乱的混乱中将一个业务系统分离出来,就好比试图掏空一个建筑物的承重墙,没有大型的重建是不可能做到的。分离的单元将需要复制主系统中几乎所有的构成部分(包括其中敏感的公司数据),还需要技术员维护它。无论是有或是没有IT系统,分离一个部门的艰难使人们将关注的目光投向IT的灵活性——这些年来它也越来越被人们所关注。

泰克电子公司陷入了战略上的进退维谷。数十年来,公司的IT部门一直在扩展现存的系统,建立了许多新的独立系统,当有需要时,则编写软件连接它们。每一个新的解决方案都没有考虑到如何平衡长期的灵活性与短期的效益。这些做法带来的问题并不会马上呈现在管理层面前,但是日积月累,这些问题堆积混杂起来,就如同没有规划和控制发展的城市。随着时间的推移,随处可见的是道路、学校、排污渠拥挤混杂,城市不堪负荷。

直到20世纪90年代早期,泰克电子公司的管理层才意识到他们的IT系统出了问题。然而,改造需要太长的时间,远远超出他们的承受力和付出意愿。想从整体上对公司的客户、产品和订单做一个全面的了解,简直就是太难了。业务经理抱怨IT支持部门变得越来越糟糕,而IT经理知道到这些系统越来越难维护。处理系统大大小小的毛病全依靠聪慧的员工技术,频繁的协调工作蜂拥而至,应验了人们常说的"至少要五个电话弄妥它"。

灵活性的风险不断地涌现出来,但似乎带来的影响还很低。当然,这些很令人厌烦,但是如同在泰克电子公司和许多其他公司一样,这些或多或少是企业经营常态的一部分。正是当泰克电子公司的管理层试图进行与过去决裂的变革之时，人们才发现这些熟习的烦扰的真正危害。

泰克电子公司和柯麦尔航空公司的案例是这类严重后果的极端特例，但是它们并不是唯一的。在很多行业也有其他类似的事件发生，这表明管理层必须要认识到 IT 风险对经营的重要性。

- 在 2005 年中旬，美国信用卡系统服务公司（CardSystems Solutions, Inc）报告公司信用卡交易计算机处理系统遭入侵入，4,000 万份持卡人信息被泄密。此次事故数周后，信用卡系统服务公司的两个最大的客户，维萨（Visa）和万事达（MasterCard）信用卡公司终止了与它们的业务；此后不久公司被出售。[6]

- 1996 年，福克斯迈尔公司（FoxMeyer）引入 SAP 公司的企业资源计划软件系统实施失败，导致这家年销售 40 亿美元的医药分销商破产。福克斯迈尔公司的破产信托人起诉 SAP（软件供应商）和埃森哲（Accenture，项目的系统集成商），分别要求 5 亿美元的损失赔偿，诉讼败诉后，2005 年庭外协商结案。[7]

- 2003 年 12 月，英国税务局在其业务处理中引入新系统管理课税扣除。由于项目实施没能按计划完成，新系统投入使用前的测试时间由 20 周被缩短到 4 周。由此导致系统发生错误。在错误被发现和更正之前，已有超过 20 亿英镑的错误课税扣除被支付。[8]

类似的案例最近还在层出不穷，每周都有，我们可以轻易地列举更多的案例。在过去的 20 年，IT 已经逐渐成为企业经营的核心，许多企业还没有及时地调整他们的业务流程以便在 IT 和 IT 风险上做出正确的决策。IT 风险的隐患有三个特点：

1. 无论是对企业内的员工和企业外的顾客，IT 系统的失败或对 IT 流程的失控都会造成严重的损害。

2. 随着的事态的发展，这些事故暴露于公众，会引发企业名誉的损害和引来监管部门的严厉审查。[9] 事故一旦演变成公众事件，会放大 IT 风险的严重后果，其次产生的严重后果有时超过了起初的经济损失。

3. 对于顾客而言，这些事故暴露了企业经营在管理 IT 风险上的隐患；换而言之，这些事故不再是IT管理上的问题，而是企业整体经营上的失误。

那些精明的高层主管们把IT作为一种战略武器来投资经营，同时也增加了企业的IT风险。企业的核心流程、核心竞争力、与客户和供应商的联系越是依赖IT，企业经营就越是依赖IT系统的平稳运作，而且企业抵御威胁的脆弱程度也取决于IT系统的功效。

太多主管们还没能全面地认识这种转变的深刻涵义。坦诚而言，IT风险的管理水平赶不上现实IT风险状况的要求。在许多企业，IT风险仍然是被当作技术问题来处理，很大程度上被企业的高层所忽视。即使一些企业高层意识到IT对企业的战略意义，但是，他们还不能或不愿意将资源转投到有效地管理IT系统上。

IT风险的起因

为了认识组织中什么引发IT风险以及如何有效地管理它，凭借着在IT组织和与它们打交道的20多年实战经验，我们用严谨的学术方法展开了一系列分析研究。其中包含对50多家企业进行了详细的案例研究，对130多家企业进行了调研。对2,000多位IT和非IT高管采访来的意见观点，帮助深化我们的研究发现，保证我们的研究符合真实世界的实情。

我们的研究表明，绝大多数IT风险不是起因于技术或者低层人员，而是缘于企业对IT的忽视和IT治理流程的失误。正是这些失误引发了一系列糟糕的决策和错误的IT资产构架，暴露了企业IT治理的无效、无法制止的错综复杂性和对风险的忽视。[10]换而言之，IT风险不是产生于技术本身，而是产生于决策制定的流程，它们有意无意地忽视了整个经营过程中潜在的IT风险威胁。随着时间的推移，诸如此类无视风险的行动越来越多地累积混杂起来，风险危机爆发和灾难事故降临的状况就会日益恶化。

无效的IT治理

在本书我们讨论的众多风险因素中都有一个共同的特征：无效的IT治理

(参见《什么是IT治理》"What Is IT Governance?")。

不适当的IT治理——在相关IT的投资和经营决策上缺失相应的结构和流程——为风险打开了两个重要的方便之门：

1. 局部最优决策产生企业整体风险。在许多企业，IT部门设置在它们所服务的业务部门周边，并且被这些业务部门所驱动（例如，组织构架体现出的报告上级和责任领导）。它们以最快的速度为这些业务部门服务和向他们报告，而没有从整个企业的角度考虑IT决策。尽管在各个局部上看，最优决策可能看上去是合理的和安全的，但是，随机而生的风险暗含在诸如此类的决策的累积混杂之中，随着时间推移而危机叠加，正如在泰克公司发生的那样。

2. 没有业务经营人员的参与，IT经理在认识怎样的风险对于经营最为严重时，他们可能会做出错误的假设判断。当市场、竞争对手或企业战略变化时，往往企业的基本经营假设和标准运行流程都会做相应的变化。但是IT部门总是理解和适应得很慢。其结果是对风险的认知、控制与现实需要产生了差距，导致在管理一些很小的风险上做出了过度的投资和对一些关键的风险控制却投资不足。

什么是IT治理？

IT治理的定义是"为确保利用IT的行动正确而建立的指派决策权力和责任的框架"。正如财务治理和企业治理一样，IT治理是内含于企业的正式组织构架之中，它将IT领域决策的权力和责任（例如应用系统、IT架构和安全）分派给经营主管和IT主管。治理决策通过搜集信息和推进获得成果的行动得到有力的支持。总之，IT治理安排指明了IT相关的决策如何制定和实施。

资料来源：Peter Weill and Jeanne Ross, *IT Governance: How Top Performers Manage IT Decisions Rights for Superior Results* (Boston: Harvard Business School Press, 2004), 2.

有效的IT治理在战略快速变化之时尤为重要，特别是当什么是最重要（和为什么）的假设被质疑之时——当今，对于绝大多数的产业，能快速地改变调整

战略是企业的生命之本。

不可控的错综复杂性

本质上，复杂并不一定就比简单更加具有风险性。当代汽车比20世纪60年代的汽车复杂得多，但是它们大多是更加安全可靠，效率更高，整体质量更加优越。但是，如果没有可靠的机械工程设计的保障，复杂性会在很多方面增大风险。最为重要的是，如果没有经过精心的设计，复杂的环境会变得极其脆弱。因为它们有很多运动的部件，这些部件很容易发生意外的故障和失效；与此相同，这些不可预计的意外事件也会出现在其他业务和技术系统中。要有效地管理这类充斥着偶然的复杂环境，就需要大量相关的认知和密切的关注，然而这些却是相当匮乏的。所以，风险也由此而增大。

对风险的熟视无睹

对风险的熟视无睹引发运营的风险。这类疏忽现象包括：

- 对风险的无知或不恰当的认识。临时的裁员、人员的退休、提升和对外部顾问的依赖都会造成企业的核心知识流失和危机。
- 低劣的基础管理。不合适的设备管理，拒绝更新掉陈旧、不可靠的技术，导致更加高的成本和失误率，更长的恢复时间。
- 雇员的无知，疏忽和渎职。那些不知道或不关心如何规避风险的员工很容易做出破坏或者犯罪行为，从而导致安全和保密事故。
- 系统不能察觉危险活动。由于去掉了自动报警和保护层，系统不能发现和避免危险活动，导致管理忽视潜在的风险。当企业适当的授权一些关键员工自主采取行动时，自动化的控制就是特别重要的。例如，巴林银行(Barings Bank)的尼克·利森(Nick Leeson)长达9个多月未经授权擅自交易，违反了公司的制度导致公司损失10亿美元而破产。如果公司有适当的自动化授权控制，有可能及时发现他的违规活动。[11]

无效的治理，不可控的复杂性和对风险的忽视造成了IT风险危机四伏的环境。仅仅依靠要求技术人员采取不同的技术办法，并不能彻底控制危机四伏的风险。这些风险是源于公司的经营方式，而不是它管理 IT 的方式。而且，风险因素会相互强化和进一步恶化，因此解决某些主管发现的个别风险不能全面解决环境中的风险。

简而言之，要控制 IT 风险仅仅拥有优秀的 IT 员工是不够的。管理 IT 风险要求全员参与，从不同角度进行思考。公司的首席信息官（CIO）必须向经营管理层阐明 IT 风险对业务的严重性，创造一个有利于高管从经营业务角度讨论 IT 风险和决策的环境。经营管理层必须确保首席信息官展开风险管理，主动积极参与有关 IT 风险的重大决策和文化变革活动。

IT 风险既是经营风险也是企业价值

从对企业产生的影响后果来看，IT 风险就是企业风险，企业就必须改变管理它的方法。企业无法再承受这种 IT 风险只局限于 IT 部门之内的假设了，甚至是局限于一个企业之内的假设。企业必须重新认识 IT 决策带来的企业风险和影响，改变那种以技术驱动型的、支离破碎的 IT 风险认识观，代之以全局认识观。是时候了，立即行动起来吧。

这就是 1996 年泰克公司从 IT 危机惊醒过来所做的第一要事。泰克公司，在 CEO 的鼎力支持下，由 CFO 和 CIO 领导重新设计经营流程，用一套企业资源计划方案取代了企业原有纷扰杂乱的复杂系统。要主动行动，领导层就必需致力于倡导变革，劝说犹豫彷徨者采用标准流程，惩戒顽固不改分子。不仅信息系统必须开展如此的变革，还包括那些纷杂无章的业务流程也要改变，因为它们滋生风险充斥的系统陷阱。

变革的过程是痛苦的——泰克公司用了三年时间，耗资 5,500 万美元才完成——但是，最终在许多方面获得了成功。泰克能够自如的收购和剥离业务部门。这些变化减低了其他 IT 风险，也显著的改善了经营绩效。信息越来越精确无误，信息的传递也越来越迅速；库存状况更加清晰，信用审批速度得到提高，同期的装运量增长了 5 倍。到最后，高管层便拥有了更加精准的信息进行战略决策，实施它们也变得游刃有余。[12]

在我们的研究里，许多我们访问过的公司通过建立 IT 风险管理能力，从危险的风险环境中转危为安。其中包括两个关键要素：

1. 它们用整体观审视IT风险，从企业角度理智地权衡IT风险。

2. 它们精心的强化三项核心修炼来管理风险：简化IT基础、建立风险治理流程和培育风险意识文化。

这三个要素共同发挥作用。如果不具备有效的风险管理能力，企业就不能在IT风险问题上取得有益的沟通交流。不能用共同的语言描述IT风险对企业的含义，企业的高管层就不能对这些风险做出合乎实情的决策。

通过三项核心修炼从企业整体角度把握IT风险，能够降低IT风险威胁，同时从IT上获得更多的企业价值。如果IT风险被当作一种不得不应对和尽量逃避的问题来处理，那么它最多是一个要管理的成本问题。但是，如果IT风险能被正确的处理，也就是将其视作为企业风险和能力，那么在三个方面能够创造出企业价值。第一，由于需要紧急处理的问题越来越少，企业能够集中精力于提高生产效率的活动。第二，用较少的成本改善IT基础，释放资源给效率更高的生产活动。第三，企业能抓住那些有价值的机会，这些机会在其他企业看来风险太大而无法实施。

本书结构及读者对象

无论是经营方面还是IT方面，近来出版了许多专门阐述管理风险基本原理的书。但是，就我们所知，本书是第一本将IT风险当作企业风险进行严谨研究的书，并为读者提供了树立IT风险整体观的建议及研究工具。正因为如此，本书适合企业高管和IT高管类人士阅读。

如果你是企业的高管或者董事会成员，我们提供的观念、分析框架和建议能够有助你如同管理其他风险一样有效管理IT风险，履行你的职责。

如果你是IT高管，我们为你提供了详细的建议和工具，一步一步地帮助你建立IT风险管理能力。我们提供的实用信息帮助你启动项目，在各个方面寻找到所需的专家，引导经营人员和IT人员履行正确的职责。

第一章提出我们的核心框架，阐明IT风险对企业经营成败的重要意义。与很多企业把IT风险当作技术问题采取局部割裂式管理的方式不同，我们以四个关键经营目标总结 IT 风险：可用性（availability），准入性（access），精准性（accuracy）和灵活性（agility）。如果技术风险能按成本、收益和诸多经营目标之间的权衡取舍以得到最好的管理，那么管理层也可以用同样的方式制定他们关键的决策。

第一部分专门从企业经营角度探讨 IT 风险。企业必须有能力识别它们所面临的风险、判断其严重性并解决它。第二章讨论企业按这条路径如何从三项核心修炼有效管理风险：

1. 一个经过周密安排、妥善处理的包含了 IT 资产、IT 精英和支持流程的 IT 基础

2. 一个经过精心设计、能够发现风险、判断其严重性并实施追踪的风险治理流程

3. 一个人人理解 IT 风险的起因和解决方法并能镇定面对它的风险意识企业文化

一般企业着重从其中一个领域着手，但是它们必须能够全面地应对这三项修炼。随着时间的推移，某些能力成长起来，企业可能会选择改变重点关注的修炼。

第三章至第六章是本书的核心章节，为开发有效的风险管理能力提供了整体蓝图。这些章节是为那些负责具体实施 IT 的主管们所写，对于那些只是参与而将实施流程委派给 CIO 的企业高管来说，可以略过这章。第三、第四章描述如何改善包含应用、基础设施、人员、流程和控制的 IT 基础。在这两章里，我们阐述 IT 风险的金字塔和主管们如何利用它按正确的顺序管理相应的风险。

第五章揭示如何建立第二项核心修炼，IT 风险治理流程。一个有效的 IT 风险治理流程需要风险经理（risk officer）的协调，各个职能部门的执行和更高层主管的监督。本章节包含了实施有效风险治理所需的流程和工具。

最后一项修炼是风险意识文化，被列为第六章的主题。如果企业惧怕讨论风险，那么有效的 IT 风险治理流程和基础就朝不保夕。培育风险意识文化必须从制定企业发展方向的管理高层开始，对有风险意识的决策要树立榜样，奖赏能有效管理风险的行为。其目的是在这样的企业文化中，整个组织能够敞开直面讨论风险，积极主动地管理风险。

第七章至第九章将重新聚焦到与IT风险管理息息相关的企业高管层。IT风险攸关企业的枯荣,企业管理层在有效管理IT风险上起着至关重要的作用。

第七章讨论如何评估组织中三项修炼的状况,如何将它们提高到有效发挥的水平。尽管企业应该尽快地在三个方面都完善,但是通常它们会选择其中之一作为核心起点来不断的改善这三个方面,从而达到完善的阶段。我们提供了一些诊断工具,用来评估企业选择不同的核心修炼的利弊。

第八章是关于预测未来战略风险的展望。大多数风险管理是识别、解决现时和近期的风险。但是,管理层有责任确保企业能长期战胜风险。因而,在这一章我们探讨在未来可能的战略变革中风险管理应对的思路。

第九章概括了全书中关键的理念,呼吁企业的主管们行动起来,特别指出企业主管能够改善风险管理的十种途径。

第一章

4A 风险管理框架

在互联网时代的早期,在一家保险公司,IT 小组主要负责管理和维护公司新开发的网站。IT 团队提供每天 16 小时的现场支持和其余时间的电话支持服务。一切平稳运行,至少在 IT 团队看来如此。但是,某天,一个部门的高级主管要求将网站支持服务外包。IT 团队反对这样的做法,通过对内外服务方式做的全面比较分析,他们指出外包服务方式缓慢拖拉。IT 团队认为,内部员工能够提供费用较低而负责的服务,在 16 小时内支持是全方位的,并且无需为计划外的变动或新增的网页额外付费。即使在其余时间网站出了问题,公司传统的服务渠道仍然可运行,如果确有必要,通过电话,技术员也能在 2 小时内解决任何问题。IT 团队长期以来被管理层教育,要尽量压低成本。因此,在 IT 团队成员的观念中(如同企业的习惯思维)中,最大的风险是对未经证实的技术做过度的投资。

令 IT 团队成员倍感意外的是他们的建议被否决了。对他们而言,互联网不过就是一项新技术而已;但是,对业务经营人员而言,它是一种新的战略服务渠道,有着全新的规则,它代表着企业的创新和为改进服务质量而向前迈进的意愿。从企业经营来看,哪怕是一分钟的运行意外停顿的风险都是不可接受的,因为它可能会极大的破坏网站所支持的服务和客户满意度。与业务停顿带来的潜在机会成本相比,为了确保连续的正常业务运行,额外增加的少量开销是微不足道的。

但是,另外一个案例情形却截然不同。一家化学公司的 CIO 想方设法削减预算,他发现他的前任与 IT 外包服务供应商谈了一个耗资不菲的维护保证协议。维护服务保证一旦系统出现宕机，公司的订单处理、会计处理与货物发运系统能够在 15 分钟内恢复。CIO 纳闷为什么要这样？"对于银行来说，要在 15 分钟内恢复系统是至关重要的，"他认为，"但是，我们是一家化学公司！很多订单处理即使延迟了数小时对我们的客户也无大碍。我们为什么要为系统 15 分钟内恢复的保障支付额外的费用？"公司高层管理团队赞同他的看法，认为与所承受的业务风险相比较，这种做法的成本太高。随后公司用 12 小时的恢复保证方案取代了费用较高的快速恢复方案，由此公司每年节省 3% 的 IT 预算——这些节省足以补偿订单处理延误引发顾客不满的风险。

正如这些案例表明，在许多企业，经营业务人员和 IT 人员很难就 IT 风险交换意见，相互启发。企业的总经理或其他高层主管在看待这些问题时，他们表达的语言方式和价值观存在着巨大的差异，管理者必须采取措施弥补这个差距。[1] 这家化学公司先前的 CIO 依据个人风险和技术风险，做了过度的投资，以保证 IT 不会导致经营业务的故障；而新的 CIO，按经营管理者的思路考虑，如同企业的总经理每日所做的权衡一样，把 IT 风险当成可以交换调整的条件进行管理。

要理解 IT 风险的影响后果，就必须要用经营业务的思路思考。要想使 IT 风险平衡调整有效，企业的管理者就需要清楚技术的失败或运行不佳会对经营产生怎样的影响。以可用性风险为例，如果系统无法运行两个小时，多少订单会丢失或不能发运？哪些员工会无法工作？哪些人的付款会出现错误？哪些顾客会不高兴甚至愤怒？在市场、法律和政府监管方面，会引发什么样的损失？以及什么样的机会被错失？这些业务的替代方法有哪些，又有什么限制？可用性风险怎样可以与其他风险置换？只有当这些问题都得到回答，系统的失败才不至于成为耗费精力和资源的问题。

IT 风险的整体观

那些不理解 IT 风险对经营意义的企业经理们，当面对种种在他们看来是捆绑他们自由行动的不合理的限制时，会暴跳如雷，斥责 IT 人员无能和不理解迅速抓住市场机遇的重要性。在另一头，为了保持复杂的技术平台平稳运行会面临种种困难的 IT 人员，却没有考虑他们的技术决策对经营的含义。事实上，很多IT组织是按照技术风险指标来构造的——基础构架组、应用开发组、供应商管理组，等等。这些小组以它们力所能及的技术范围择优标准来处置风险。但是，对于业务的轻重缓急，它们可能会被一些过时的假设、前提误导；或不断受企业内部吵嚷声最大的客户的观点左右。最后，这些小组通常只好转而按自己最熟悉的方式行事：这是它们的职责，它们必须让技术系统工作起来——这期间，任何干扰它们任务的事物都是不可接受的风险。其结果是制定决策中，决策者很少能统筹整体考虑不同类型的风险因素。但是，整体观恰恰是绝不可少的。

正因为IT风险对企业经营是举足轻重，管理IT风险就得顾及企业的经营方式。如果IT风险管理解决方案不考虑经营的需要和实际操作，在技术上可能是对的，但是，通常是行不通的。反之亦如此：业务经营人员不考虑IT因素，他们就无法保证在应对经营风险时，能获得相应所需的资源。（参见《诺华公司(Novaritis)面对IT风险的经营决策》）

现在我们来分析一家名列财富500强之中的金融服务公司所做的灾难恢复预案。该项预案保证，一旦地震、洪水或其他意外事件破坏了公司总部时，IT团队能在30分钟内启动备份站点，让关键系统运转起来。尽管这是一个引人注目的详细计划，但是，它并不能真正地解决问题，因为这时的关键是恢复经营业务，而不仅仅是系统、功能的恢复。IT部门在制定、完成预案的这部分内容时，没能获得经营业务专家的参与和支持，因此，直至IT团队模拟了一场逼真的灾难场景，问题的关键才显现出来。模拟场景的试验充分表明，即使在30分钟内IT系统通过备份站点运行起来，业务仍然不能展开，因为缺乏适合的办公场所、家具、电话和其他经营基础设施。这个模拟场景的证据证实了问题的真正关键，因此，经营业务的主管们同意帮助IT部门完成和管理这项经营业务恢复预案。

诺华公司面对IT风险的经营决策

作为诺华公司CIO的吉姆·巴林顿（Jim Barrington），领导着这家市值370亿美元，拥有10万雇员的公司的IT部门。在他看来，经营的风险意识是必不可少的："这个机构太复杂了，拥有7,500台电脑、数千台服务器以及各类安全设施。你无法把如此庞大机构的所有风险管理得尽善尽美。但是，如果我们不能消除风险，我们就尝试理解它、管理它。这就是我们采取的方法。

我们的出发点是搞明白如果这台服务器宕机了，这个应用程序不行了或是不符合萨班斯-奥克斯利法案（Sarbanes-Oxley Act），会引起怎样的经营风险？一旦我们了解了其中的风险，我们就会将关注的目光投向风险的规模，围绕着风险规模制定解决方案。例如，我们的某个工资转账支付系统出了问题，这可能不会引起什么大碍。我们能支付现金，或以支票支付。这对经营业务没有什么风险。因此，我们不会花费大量的金钱在备份数据中心复制所有的数据。但是，来自研究机构的成百上千位病人的医疗实验数据却是非常重要的。这些东西无法轻易复制出来。如果丢失了它们，无论在财务上还是信誉上，或者其他方面，企业都将面临着巨大风险。因此，我们对这些数据实施极其可靠的保护、备份和保密。

所以，我们按照风险的影响范围集中投入我们的资源。这一点对我们非常有用。我们没有必要对所有人、所有的事都这样做。我们宁愿将资源投入更集中一些。当然，我们的这些资源，无论是人员还是时间或金钱，都得到更好地利用。"

资料来源：Jim Barrington, interview by George Westerman, from "IT Risk Management: Four CIO Vignettes", video (Cambridge, MA: Center for Information Systems Research, MIT Sloan School of Management, 2005). Used with permission.

想象一下这个案例的另一个场景：公用事业公司的客服经理做的灾难紧急预案中确定了备选办公场所，但是忘记安排足够客户人员和他们的计算机所需的电力、电话和网络。这个案例中的这些问题，很幸运都得到解决：这些后备设施可以被连接运行起来。但是，这只是幸运。没人愿意依靠幸运管理IT风险。人们需要工具，消除那些导致增大IT风险及其严重后果的不良沟通和误解。

4A 分析框架

我们开发了一个4A分析框架，用来解释IT风险对于业务经营的含义。这个分析框架定义IT风险为IT相关的意外事件对企业四个相互联系的目标造成威胁的可能性：可用性、准入性、精准性和灵活性，如表1-1。[2]

表1-1 管理IT风险的4A分析框架

可用性 保持系统（及其业务流程）正常运行，以及从故障中断中恢复运行。

准入性 确保对数据和系统适合的准入，保证合乎要求的人能进入，而非法者禁止进入（对敏感数据的可能误用属于此类）。

精准性 提供正确、及时和完整的信息，满足管理、工作人员、客户、供应商需求和法规监管要求。

灵活性 具备符合管理成本、速度要求的转变能力——例如，兼并一个公司，完成一个主要流程的再设计，或投放一个新产品/服务（IT条件缩小了企业行动方案的选择范围就属于此类）。

资料来源：© 2007 MIT Sloan Center for Information Systems Research and Gartner, Inc. This material is adapted from a framework originally developed in George Westerman, "Understanding the Enterprise's IT Risk Profile," Research Briefing IV(1C) (Cambridge, MA: Center for Information Systems Research, MIT Sloan School of Management, March 2004). Used with permission.

4A分析框架首先从认识着手，理解所有的IT风险都会对业务经营产生影响，它涉及在不同经营风险或目标之间的取舍置换。所以，我们必须认识到IT风险可能会影响所有那些要通过IT实现的企业目标。而这些目标可以通过4A分析框架来分析。[3]

利用4A分析框架思考，业务人员、IT人员能够用相同的术语探讨IT风险，对IT风险造成的业务经营后果能建立一个相互理解的整体的认识，进而找到如何解决风险的办法。为了抓住机遇和避免危害，企业的主管每天都在做冒险的决策。但是，当他们对问题没有足够的把握，无法做出有根据的判断时，他们也会小心谨慎地对待这些冒险的决策。无论得到了多少技术方面的信息，很多企业的主管仍然觉得对技术没有足够的知识和直觉，以便做出一个很好的决策。甚至他们常常不知道向技术团队问什么问题。用经营业务的术语和思路来表达IT风险问题，沟通对话就能按企业主管所了解的形式展开。他们会明白系统一个小时的中断对工厂意味着什么，能够将它与人力资源系统一小时中断的影响相比较。他们能够对更好的内部数据准入价值与由于泄露敏感数据带来的可能损失做比较。他们能够准确的知道哪些问题影响决策的制定、损害供应链的效率和导致违反萨班斯-奥克斯利法案。他们比组织中任何人能够更好地评估重大战略转变新方案的延迟所造成的影响。

用经营业务的术语和思路定义 IT 风险可能的成本，一切变得更清晰明朗。IT 团队能够做有益的投入，通过不同成本及不同风险影响的方案来辅助制定决策，经营人员能够以他们的理解来取舍方案利弊，优选方案。

在导论里，泰克公司的案例就是一个突出的例子。[4] 转变的成本如此之高，风险也是如此之大。价值 5,500 万美元、耗时三年多的企业资源计划（ERP）项目，在时间上、精力上、资源上，都不是一个随随便便的投资，即使时间、预算都是在项目计划之内。显然转变是必不可少的。然而，如果项目失败，泰克公司将损失 5,500 万美元和为之投入人员、资金所追求的所有机会。如果项目成功，公司消除了对经营灵活性的威胁——这个威胁阻碍了分支机构的销售，而且还会继续限制公司的发展。此外，成功还会降低那些绵延不断的精准性风险——如不合适的客户整体认识，奇慢的信用审批，模糊不清的厂外仓库库存——这些限制了业务有效的运行和损害了公司与客户和供应商之间的关系。项目不再仅是一个 IT 投资；它是对企业发展能力的投资。总之，尽管风险是必然会存在的，但是项目的风险是可以管理的。

利用 4A 分析框架指导 IT 风险管理

在表 1-2，我们举例讨论了一套基于 4A 分析框架的问卷，帮助高层主管着手履行他们监视 IT 风险的职责。问卷的问题旨在帮助主管们建立更好的风险意识，深化了解不同企业的风险承受力如何变化，帮助 IT 经理建立应有的风险管理能力。通过周期性的重复审视这些问题，业务主管能够识别那些改变组织风险承受能力的高层次的运营变化和战略变化。

高管层团队对这些问题的讨论方向应该是掌握信息的宽度而不是深度。作为企业重要部门的领导，每一位高管要以自身的角度审视这些问题，与团队中其他人比较各自的答案。他们赞成吗？某些流程或单位是不是相对其他单位面临更大的风险或对某些风险有更大的承受力？是否存在必须立即解决的尖锐矛盾或困境？

表 1-2　高层主管的 4A 相关问题

通过对 4A 分析框架的每个主题在一系列高层次问题的讨论研究,企业主管能够为 IT 风险管理的努力指明方向。重点是不要花费时间讨论各个细节,而是要探讨各个单位、流程和每一个"A"要则所涉及风险承受力的首要问题。

为了启动行动,高管层的主管们可以首先考虑风险相关的可用性:

- 如果支持系统不可用了,我们哪些主要流程(例如,客户订单处理流程、制造、供应链、分销、工程设计、人力资源自我服务、会计)最依赖 IT? 会造成什么后果(收益损失、客户和供应商关系、法规管制、名誉和其他经营影响)?
- 做出评估,系统一旦发生故障,哪些流程和系统要最先恢复?

准入问题的探讨要集中在信息价值和信息滥用导致的后果:

- 有哪些大类信息(诸如客户信用卡信息、健康保健记录、产品的设计、雇员电子邮件、经营计划和战略、合同、内部财务资料、库存、人力资源和福利信息)对于组织经营的成功或失败是至关重要的?
- 如果其中某类信息被不慎泄露、遗失或侵入,可能会造成什么样的后果(在收益、客户、供应商、雇员关系、监管、名誉等等方面)?
- 与此相比,如果什么大类的信息被处理不当,会对企业经营产生很小的损害?

精准性相关的问题,高层主管探讨的焦点是不完整、不准确的信息会对战略和决策产生怎样的影响。

- 对于核心流程或核心信息类型,信息是否十分准确、及时的满足企业内部和外部的需求?
- 不完整或不准确的信息对组织及其计划有怎样的制约?
- 信息的不准确会为哪些流程和哪类信息带来最严重的影响(比如收益、顾客、供应商或员工关系,监管行动,名誉等)?
- 如果信息比较完善,例如,在网站上提供全球一致的顾客理念、供应链全貌和综合的产品级销售信息,什么流程会受益? 如何实现?

最后,考虑灵活性的问题:

- 涉及 IT 的重大经营计划能经常按时间和按预算完成吗? 它们实现了预期经营效益吗?
- 如果项目失败或延迟,会对经营造成怎样的影响(在收益、客户关系、供应商关系,规范的监管行动等方面)?
- 预测战略将会有什么重大变化(新产品投放,新形势,兼并与收购,全球成本削减等)? IT 如何能很好地支持它? 什么样的战略变动会使 IT 系统支持和技术人员支持变得艰难,这些可能经常发生吗?

CIO 应该参与交流谈话,但是注意这基本是一个关于业务轻重缓急顺序的业务沟通交流,而不是技术讨论。必要时,CIO 可以指导谈话交流和回答问题。CIO 甚至可以考虑为会议预先准备一些初步评估。但是,企业主管应该亲力亲为地努力解决他们各自业务职责的问题。

对高管层而言,在开始时要充分确定哪些风险最紧要以及理解其中原委。通过探讨 IT 风险的重要性及其对企业的影响,为各个单位、流程和要则的风险承受能力提供总体方向性认识,可以制定出一个主要 IT 风险的初步清单。这些讨论的内容可以向下传达到运营的经理们,以便做出详细的评估和采取行动。

表 1-3 举例列出了可以效法自问的问题,让业务经理们可以应用在 IT 和经营两方面,评估企业 IT 系统、人员、管理流程是否符合企业所能承受的风险状况。在此我们并不是暗示业务经理应该只评估和处理那些高层下达要求关注的风险和重要问题。任何一个重大 IT 风险都可能会出现在企业任何层面,任何一个经理都不应该忽视那些可能没有在高层领导列举清单中的风险。我们的观点很明确,如果业务经理能够了解哪些风险高层管理认为是最为重要及其原因,他们就能更好地制定 IT 风险决策,避免就哪个环节应该优先而争论不休。

表 1-3 运营层主管的 4A 相关问题

在高层主管回答了企业高层经营 4A 问题(参见表 1-2)之后,运营层(包括经营和 IT)经理们就能够检验判断 IT 资产、人员和流程的总体状况的好坏。在这个过程,他们能够查明需要弥补的差距和需要调整的轻重缓急,以便使企业的 IT 风险状况朝着高管层要求的目标转变。

以下列举了运营层主管要考虑的问题,每一类都包含例子:

可用性
- 对于最关键的流程和系统,系统失效后,在不可承受的后果出现之前,我们到底能够运行多长时间?
- 由于内在或外在因素的原因(如天气、地区电力中断、自然灾害、老化、技术质量、供应商服务或内部支持服务中断),这些系统有多大的可能性会出现重大故障而中断运行?
- 我们是否有备份、恢复站点、人工服务区或其他有效降低这些系统中潜在的可用性丧失的办法?
- 所有流程都有事故早期报警信号吗(例如,频繁的断电、大停电,或会导致事故的重大外部原因)?

准入性
- 是否有迹象表明我们对敏感信息的保护不够?最近是否发生入侵事件?如果有,是在什么环境下发生的?
- 员工能够获得足够完成他们工作所需的信息吗?他们是否得到他们不该有的信息?

续表

- 我们能保证我们的外部伙伴、供应商和合同商按照我们的要求保护数据的准入通道吗？合同是否明确准入的系统、使用者的身份和密码要被保护？
- 当业务关系终止，是否有流程立即删除数据准入通道？

精准性

- 对于内部和外部的利益相关者（例如，经理、雇员、供应商、客户、法规监管者），提供（或不提供）流程原来没有的综合信息会产生怎样的风险/利益/成本置换？
- 数据不准确或不一致的最大非系统源是什么（技能、人工数据再录入、使用不便的识别符、缺乏对数据录入的确认，等等）？
- 对内部控制、自动化或管理流程做哪些相对简单的改变可以减少精准性问题？

灵活性

- IT组织的项目实施能力是否能很好地支持每个业务单位的需求？各个单位的认识是否不同？原因是什么：IT能力不同、各个业务单位的IT部门不同，需求不同或是其他原因？
- 交接的跟踪记录能被如何改善？
- 哪些部署可以降低项目战略转变的复杂性？

4A分析框架能够帮助高层主管和业务经理，确保他们尽可能全面的理解IT风险的含义、其潜在的严重影响和重要性，确保他们能够正确的指导基层管理者。

我们始终要以企业的实际情况来判断哪些风险影响最为严重，探究其具体原因。在这里列举一个供大家思考的案例。2004年年末，英国最大的儿童慈善机构巴纳多（Barnardo）的高层主管团队评级影响最为重要的IT风险问题：未经授权的进入、获取巴纳多委托人和捐资人信息数据或泄露这些数据的潜在可能。[5]这样的事故对许多企业来说不会是灾难性的，但是对于巴纳多而言这些可能极易转成为一场灾难。滥用委托人或捐赠人的信息可能会极大的损害巴纳多的信誉。如果没有一尘不染的名誉，慈善机构不可能得到捐助，没有钱也就无法履行他们服务儿童的使命。对于巴纳多来说，导致名誉受损最大的IT因素是准入风险：错误的人选获得准入而得到巴纳多委托人和捐助人的隐秘信息的可能性。可用性、精准性和灵活性的过失会导致严重后果。但是其中没有一项会像准入性事故那样，在没有任何预警下突然给经营带来灾难性的打击。

应用 4A 分析框架分析风险的权衡置换

根据 4A 分析框架分析风险,能够轻松分配投资,按企业的需求配置风险构型。如果没有这个机制,就会存在对风险管理的过度投资或投资不足的危险。让我们来研究几个案例。

例一:采购一套非标准方案

假设你公司一个业务单位要采购一套软件,但是它与内部的技术构架标准不配套。另外还有一套软件符合标准,基本符合业务需求,但是它的一些特性和功能需要改变一些经营流程和操作。

按惯例,这将会引发一场激烈的争执。如果争执主要从技术标准上考虑轻重(多数企业很可能会这样做),那么 IT 就是输家。如果争执是权衡不同方案的经营风险,那么企业就能够做出一个更好的明智决策。

非标准方案会带来潜在风险,威胁准入性(我们如何将它整合进我们的安全流程?如果不这样做又会怎样?)、可用性(谁来支持它?多长的故障停机时间是可以接受的?)、精准性(我们能否轻而易举地将这个系统产生的数据与我们的财务系统、制造系统相整合?)、灵活性(对于我们那些具有稳健系统支持的标准业务流程来说,它会影响它们的执行能力吗?当经营方式变化,我们能够轻易的调整系统吗?)——其中的每一项都会对经营,如总成本、符合法规监管、满足华尔街要求等,产生影响。针对这些问题,企业能够权衡不同方案(如果我们不得以不同的方式处理,会引发什么?如果我们不得不做某种舍弃,其结果真是失有所值吗?)带来的流程变化而产生的风险。最终决策可能仍是如此,但是两方面的人都知道了他们真正能得到的是什么,以及他们真正要付出的代价。

例二:合并系统

更宽泛的来看,包括下一个案例也说明,企业兼并或公司收购是大致相类似的情形,用具体、明确的经营风险来定义、研讨隐含的 IT 风险会更加清晰、更加准确。对于一项并购,将被并购企业的原有系统转化到收购企业自身的系统和流程是必不可少的,当然其成本也是很高的。这取决于兼并者的战略意图,但是,全面的整合能够在中长期降低 IT 风险及其对经营的影响。整合和标准化一套共有的技术和流程能够降低可用性、准入性的风险,因为 IT 只有一套技术要管理。当数据以一个共同的方式自动生成和集成,精准性的风险也得到降低。甚至,从长期来看,灵活性的风险也会降低,这是因为对于标准化的技术,改变调整难度会较小,成本也较低,基于 IT 的协同效应更加容易获得,要卖掉或裁减某些经营单位也会比较容易。所有这一切说明了为什么一家全球汽车配件制造商会立即用自己的标准 ERP 配置取代收购来的企业的系统,并且通过改变最后的几批数据(不是全部历史数据)将收购来的企业的系统转变成新系统,进而降低精准性风险和灵活性风险。

例三:快速成长与控制

快速成长的企业经常利用尽快引入新流程和应用,采用 IT 控制和标准化,迅速发展。尽快占领市场的时间压力需要这类企业快速启动新功能,与其他服务相整合,或者通过重复利用发掘潜力,而不要在意其效率。对他们来说,重要的是抓住每个机会甚过完美的控制和提高 IT 资产的效率。换而言之,他们对灵活性风险的威胁担心甚过准入性风险和精准性风险。

但是,随着时间的推移,不适当的控制和管理流程会造成新的风险。随着口令密码增多、扩散和系统间的相互缠绕,又缺少归档管理,准入性风险加大。而信息在不同系统以不同的方式定义,也导致精准性风险增加,甚至灵活性风险也增大了。因为复杂性和系统交叉的增多,加之它们的归档管理的减少,诸多的应用逐渐成为变革的阻力。在某些时候——通常当复杂化开始明显的限制业务经营时——快速成长的企业会发现它必须重新审视灵活性风险与其他风险的权衡置换。

这正如曼海姆(Manheim)互动公司所发生的情形。曼海姆互动公司是美国汽车二手交易商领头羊曼海姆汽车拍卖公司的在线经营单位。[6] 在高速成长的几年,针对提高交易速度和增加新服务,曼海姆公司在1996年开始网上业务。其目标是能尽快地推进新业务措施,保持灵活性,而不会被正式的管理流程所阻碍。但是,到了2000年,IT经理们开始发现仅是速度上的专注变得越来越不可持续。软件开发主任回忆道:"随时保持快速响应的能力最终带来问题。我们对争分夺秒的快速满足需求很在行,但是这是需要成本的,正如我们常说我们的魔法不再,我们得好好想想了!"[7] 曼海姆规范了它的软件开发流程,增加了质量保证人员,在各个项目明确划分了产品管理、开发和质量保证这几个部门的职责。

应用4A分析框架化解隐含的假设分歧

正如这些实例所表明,对于如何权衡和取舍可用性、准入性、精准性和灵活性之间的风险,这里没有永远正确的答案。答案随时间、战略和环境的不同而不同。管理者无法套用一个简单的公式来决策,他们只能根据现实情况做决策。但是,对于管理者所做的市场风险、信用风险或机会风险的相关决策,它们却有共同之处。关键在于平衡。从经营角度把握IT风险,4A框架让经营人员能够在各类IT风险中权衡取舍,正如他们处理其他经营风险一样。它辅助主管们抓住掩藏在不同风险假设之中的意见分歧的核心。

虚拟服务公司[Virtual Service, Inc.（VSI）]的案例为我们提供了一个例证,说明一家公司如何通过挖掘隐含的假设,对4A中各个风险重要性进行比较,破解IT实施中的麻烦僵局。[8] 你可能注意过在电线杆上或杂志上的一些广告,吸引人们利用闲暇的时间在家工作挣钱。VSI公司就是隐藏在这些广告之后的一个商家,专营转录医疗处方病历。通过这些和其他的一些广告办法,VSI组建了一个由兼职和全职构成的虚拟工作队伍。VSI培训这些在家工作的工人登录公司的专网,下载医生的录音,转录入为文字的医疗病历,再上传回来。这种经营模式高效率的利用了这支劳动队伍的时间和VSI公司的系统,而这些系统也很好地保护了处方病历的机密。利用它的IT系统和培训好的虚拟劳动力,公司为客户提供了可靠、快速、保密的标准服务。

这个经营模式取得了显著的经营效益和经营效率。经过六年的时间,公司成长为拥有3000名员工和年收益达1.3亿美元的企业。那时公司发展太快，它的系统能力几近崩溃。公司CIO提出了一个基于安全专线、远程登录系统和专有技术的新系统方案——所有的这些都是安全可靠、滴水不漏的。但是，CFO反对。他坚持基于互联网的系统方案。而这又是CIO反对的。技术是CIO的强项，但是他也很清楚VSI公司的经营核心推动力。他知道企业必须严格遵守保护病人信息隐私的法规，也知道在互联网上严密保护信息是很难的。而且，公司的经营模式需要系统100%的正常运转，这在互联网上也是很难保证办到的。当系统宕机时，公司的虚拟工作人员就不能转录医疗病历，因此，不能做到滴水不漏安全的系统就可能耽误承诺顾客的病例递交周期。

尽管CIO如何强调互联网既不能保证可用性（正常运转）也不能保证对准入的控制（私密安全），CFO仍然坚持基于互联网的解决方案。经过数轮的讨论，管理团队意识到两位高管真正较上劲了。这确实是一个冒险——CIO和CFO对各个风险有不同的风险承受力。尽管CIO相信公司和它的顾客对系统运转停顿（可用性风险）和隐私保密违规（准入性风险）的承受力为零，但是CFO还是最关心灵活性的威胁。特别是两个战略——让公司更容易满足客户，雇用国内和国外的病历转录员（transcriptionist）——对于高层管理团队的计划都是至关重要的；正如CFO所见，互联网对两者来说都是关键。

一旦高层团队认识到这个争执不是关于技术的，而是关于哪种IT风险对公司更加重要，团队的成员也就看清了这个技术决策实质上是经营决策，他们必须尽快达成共识。首先要降低灵活性的风险，紧随其后的是准入性风险和可用性风险。所有的部门都同意基于互联网的解决灵活性风险的方案胜过CIO提出的专用方案。"够用就好"方案的准入性风险和可用性风险可以通过对基于互联网的系统加密保护和冗余保护来减低。尽管这样做的成本会很高，但是仍然低于容易获得的海外劳动力带来的节约。通过将最重要的风险控制在可接受的水平，管理团队迅速的推进实施新系统。

在本章，我们阐述了IT风险的重要性，IT意外事故的潜在危险威胁企业的四个关键目标：可用性、准入性、精准性和灵活性。我们探讨了改变IT人员与经营人员之间讨论IT风险问题的方法——4A分析框架。应用4A分析框架，可以从经营影响讨论IT风险，帮助主管们镇定自如地处理IT风险，进行决策,就如同他们在面对经营风险时制定决策一样。

  但是,这仅仅是起步。在四种风险中权衡取舍,明了企业对各个风险的承受度,只是为行动设立了方向。下一步是建立组织在塑定和维护企业风险轮廓(risk profile)方面的能力。在下一章节,我们要讨论建立能成功管理IT风险的能力的几个最重要的工具:IT风险管理的三项核心修炼。

第二章

IT风险管理的三项核心修炼

试想你是一家大型金融服务公司的 CEO(或者 CFO,或者 CIO)。经过20年,通过七个自主经营的业务单位的兼并和创业,公司实现快速成长。如今,形势发生了变化。因为增长减缓,你的团队改变了战略,由产品线的扩张转向交叉销售、向上销售和全球运营。客户和业务合作伙伴开始要求一个一体化的经营方式——他们强烈地要求那些独立的业务单元能够统一行动,看似一个团队。麻烦不仅这些,审计师们也变成了问题。你的外部审计师对你的 IT 越来越关注,你的监管者也开始关注 IT 领域的审计,你的经营合作伙伴的审计员也正对你进行审计。

这些战略问题都与 IT 风险紧密相关。你确信某些(不是全部)业务单位在背后挑剔、批评 IT 的可用性和准入性风险。在各个业务单位里得到控制的精准性风险,现在也变成大问题,因为客户和监管者需要整个企业的准确信息。例如,审核符合萨班斯-奥克斯利法案要求的财务报告是相当困难的,因为报告包含每个客户所有业务活动一年以上实时更新的准确数据。事情并不止于此,你还得面对劝说最高领导层调整他们投资和运作 IT 策略的难题。毕竟各个业务单位的领导都觉得从自己专属的 IT 员工那能获得足够的灵活性,不愿意为了改善整个企业 IT 的灵活性而威胁到自己的单位。

这些恰恰是你能设想到的 IT 风险。此外还有许多你必须知道、现在还不清楚的 IT 风险。面对 IT 风险,你知道你必须行动起来,而且要快。但是,从何着手呢?请一个咨询公司重新设计系统?推行一个强劲的管理流程去查询、修正每项风险?教育各个经营单位的同事们,告知他们 IT 风险的重要性,希望他们会改变他们的单位?

我们研究了一个简明的方法来解决这些问题。简而言之,通过三项核心修炼建立IT风险管理的能力。三项核心修炼凝聚一起,改善企业的IT风险状况,将其置于掌控之中。三项核心修炼是:

- 构架完善的IT*资产基础*——基础设施、应用技术、人员和流程所奠定的技术基础;它应该被了若指掌和有效管理,它已经被打造至精干,毫无繁杂和多余。
- 精心设计和执行的*风险治理流程*——它提供了整个企业层面的所有风险的概览,据此管理层可以在风险管理中确定轻重缓急和正确的投资,同时较低层的主管能够在他们的辖区里独自管理大多数的风险。
- *风险意识文化*——在此文化氛围之中,人人对风险都有适当的认知,能开诚布公地讨论风险,并成为行为规范。[1]

一个企业要想最有效的利用它稀缺的资源管理种种IT风险就必须很好地磨炼这三项修炼。但是,对于具体的某个企业,某些修炼是会比其他修炼容易。因而,一些风险管理主管选择一个核心修炼(focal discipline)作为风险管理的支撑点,利用它启动变革,并在以后全面提升三项修炼。核心修炼的选择取决于企业的具体情况——包括诸如企业规模、行业和承受力之类的因素;我们的研究表明,成功的IT风险管理行动可以从三项修炼中任何一项开始。

三项修炼与4A要素是相辅相成的。4A的探讨为企业IT风险管理确立了一个方向——设定所需的风险概况预期和权衡置换相应风险。而三项修炼建立的能力,可以塑造IT符合企业在4A要素上的偏重。最后,三项修炼可以为企业各个层面进一步的探讨和决策提供信息,形成一个相互促进的闭合循环。

开展三项修炼远不止于仅仅帮助企业将IT风险管理得更好,它还能为管理层带来在当今IT风险威胁日盛的世界里尤为珍贵的东西:自信心。一旦你拥有了信心,知道自己最重要的风险是什么,那么你就能找到有效的流程,针对这些风险做相应的决策,整个组织的主管们能有效地应对这些风险。我们的研究表明,那些对自己的IT风险管理能力越自信的企业越能掌控四项IT风险,越不可能说自己不清楚有哪些重要IT风险,而且他们能很好的利用IT部门与经营主管之间的良好关系——而这一切的实现并不需要这些企业比其他企业花费得更多。

图 2-1 描绘了三项修炼构架起来的一个等边三角形。修炼之间是相辅相成的；通过改善组织、技术、程序和行为，每一项修炼处理 4A 的各自不同方面。汇集起来，它们涵盖了所有的基础——提高风险管理能力和为经营人员和 IT 人员提供共同的语言，确保 IT 风险处在控制之中。

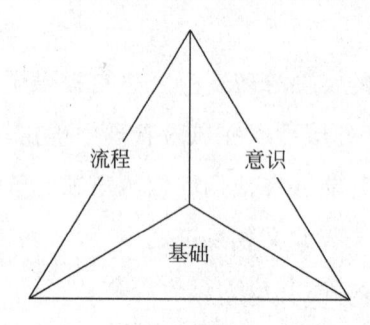

图 2-1　风险管理的核心修炼

资料来源：© 2007 MIT Sloan Center for Information Systems Research and Gartner. Adapted from George Westerman, "Building IT Risk Management Effectiveness," Research Briefing IV (2C) (Cambridge, MA: Center for Information Systems Research, July 2004). Used with permission.

以下我们将分别详细地探讨各项修炼。

基　础

基础修炼通过巩固基础，从技术和流程解决 4A 中的问题：具体而言，是一批支持、执行业务流程和决策的 IT 资产、程序和人员，这包括了

- 在整个企业支持大范围的计算、信息管理和通讯活动的基础设施（这包含通用技术，如网络和计算机，非经营流程类的特定应用，如电子邮件、文字处理和一些通用支持功能，如 IT 的帮助桌面）。
- 支持经营业务流程、任务的应用，例如财务报告系统、供应链系统，甚至计划人员使用的电子表格和决策支持系统。
- 拥有管理这些基础领域技能的人员。

- 为了保持这些资产平稳、安全运转所需的监控、维护的流程和机制。

正如前所述,坚实的 IT 基础是需要得到很好的认识,得到很好的管理,并且复杂程度恰如其分。如果一栋房子坐落在不牢固的基础上,那么房子会摇摇欲坠,最终分崩离析。面对因房子结构不断地变形而地板下陷、水管漏水,房主不得不强撑胆子忙乎这些修理。如果组织也像这样建造在摇摇欲坠的 IT 基础之上,其结果没两样。他们的主人要不停地支撑薄弱之处,修补漏洞,无法享用一个好结构的益处。

一个坚实的 IT 基础能在许多方面抵御风险:

- 问题出现的可能性更小。依托坚实的管理流程,基础的漏洞和裂隙会得到及时的修补。在复杂系统常见的隐藏的漏洞和错误出现的几率会更小。
- 一旦出现失误和差错,它们会被更及时的发现,进而得到较早的修复。降低复杂性能使问题更易于被发现,因此技术人员更容易知道什么出了差错并解决问题。
- 风险更容易被评估。风险所包含的变数越小,如特定技术的缺陷和限制,特定配置所需的具体知识,监控风险状况的流程越容易被配置。
- 维护更容易。标准化让技术员能够对所有的构件使用相同的部件和流程进行升级和修补(例如,对那些不能按预期重新启动的软件的修补)。
- 改变、调整更容易。对于一个复杂的基础,IT 人员必须经常在不同的地方做变动调整,随之要做大量的、复杂的测试,以保证所有的变动能够一起协调运行。而对于一个简化了的基础,所需变动调整之处减少了,测试能够以非常直接的方式进行。

总而言之,一个坚实的基础可以避免系统的模糊不清、复杂化、脆弱和疏忽,而这些在很多大型组织会带来 IT 风险。

脆弱的基础会放大所有的风险

脆弱的基础显然会产生可用性、准入性相关的风险。而且,这些风险会产生更大的影响,由对精准性和灵活性的威胁而影响整个组织及其客户。例如,一家大型保险公司的系统不能够为涉及复杂的客户服务的保单和理赔提供准确、完整、及时更新的信息。内部研究表明退保导致的收入减少相当于每年新增投保的全部收入,其中80%的退保的诱因是诸如恶劣的客户服务之类的事件。而典型的保险销售佣金结构是一项保单要在许多年后才能赢利,因而这对企业长期的盈利能力的威胁是巨大的。从本质上看,脆弱的基础和恶劣的客户服务引发的精准性风险迫使公司以赢利的现行业务去换取不赢利的新业务——其结果是,这样的做法会使得公司跑得越快就退步得越严重。研究结果提示高管们要对企业的IT基础做重大的转型,它已不再仅仅是一项风险控制战略,而是一项企业增长战略。

修缮基础是一项长期工程

要提升对基础的修炼,首要基础步骤是检查基础和实施基本的控制,确保不存在会引发灾难事件的重大脆弱隐患和一旦事故发生时能实施恢复流程。第二步是减低基础设施和应用系统的复杂程度,这是长期降低组织中风险的最有效率的根本之路。

正确地理解基础设施和应用系统这两个词是非常重要的。IT基础设施是支撑业务应用系统可靠运行的平台;它包含技术平台(例如,运算处理器、存储设备、网络、数据库和中间件)、人员、非特定业务的软件,如电子邮件或电子表格和支持服务,例如服务台(help desk)。应用系统是处理特定业务的软件,它运行在基础设施之上。[2]

尽管简化基础设施和应用系统需要前期投入,可能数额不菲,但是更大的成本节约会很快随之而来。在许多情形下,实施精简的一些重大的初期步骤的完成并不会对业务流程产生巨大影响。这意味着在降低风险和成本的同时,整改对企业的不利影响可以降至最低。

几乎每一个企业都能够成功的简化技术基础设施,这个金融业的案例就是显著的例证,在第三章和第四章我们详细的讨论关于基础的修炼。但是,应用系统的精简却是更加昂贵、更加困难,对整个组织的破坏性影响更大。因此,只有当企业能够从零开始建立(或重建)整个基础设施构架的基础时,以简化基础作为IT风险管理的主体才是可行的。当然,这正是初创企业可以做的,而对于那些拥有遗留旧版应用系统——对业务仍有价值、难于舍弃的老化、高风险的技术的企业而言——却极少有意愿或有能力这么做。一个政府机构的CIO向我们这样描述遗留的旧版系统:"这类系统在许多方面很碍事,但是它仍在发挥作用,所以你不能马上抛弃它。"

当企业不能以从零开始的方式整改时,它们经常选择渐进的方式,一部分一部分地整改IT基础,从基础设施开始,利用各个业务方法简化应用系统。以这种方式,它们逐渐简化、标准化和强化基础。

总之,基础修炼是减低IT风险效益最佳的途径。马上行动起来,实施控制和恢复流程,降低现行基础的风险的影响和出现的几率。精简化工作可以同时降低风险和现行维护和支持所需的费用。但是,对于拥有大量以往旧的IT资产的企业来说,在三项修炼中,基础的修炼是最艰难的、最耗时间的、最耗资源的。经过初步的努力,基础得到巩固,达到可接受的水平后,拥有大型、复杂应用系统的企业通常会选择治理流程或意识氛围作为它们的核心修炼,不再是基础修炼(这项修炼的概览,参见《基础修炼的总结》)。

基础修炼的总结

所谓基础是指支持、执行业务流程和决策的IT资产、程序和人员的总合。扎实基础并使之能发挥作用——知道基础之中的内容、确保它被很好地管理着——是所有企业必不可少的根本。许多企业通过将基础精简至必要的复杂水平,使基础达到优良的状况。

基础驱动型方式的有利之处:

- 能马上发现和修缮基础存在的漏洞和明显的脆弱之处,为其他长期的改进做好准备。
- 精简化,从长期来看,是经济效益最佳的风险管理方法,因为不仅降低了风险,还减少了成本。
- 精简化可以减少全部四种IT风险,有助掌控另外两项修炼。

基础驱动型方式存在的问题:

- 寻找和修缮基础漏洞的初期工作是艰巨的。

- 从精简基础设施到精简应用系统,整个工作是艰难而且耗费巨大。
- 精简化工作非常费时,而且常常只能循序渐进地开展。

在第三章和第四章,我们将详细讨论基础的修炼。

风险治理流程

IT 风险治理流程的修炼是从组织上和程序上解决 4A 问题,确保组织有必需的组织结构和流程,以便系统地对风险加以鉴别和管理。这项修炼创立和管理所需的流程、程序和组织构架,它需要:

- 定义和维护政策和标准
- 识别风险并排序
- 管理风险和监视风险随时间变化的趋势
- 确保风险管理政策和标准得以贯彻

风险治理流程是一种力量,它将各种不同片段的、局部的 IT 风险认识、观念汇聚一起,形成一个共同整体的认识,使企业能有效地排列各种风险的轻重缓急和步调一致的行动。即使在一个中型组织,不可能存在某个中心人物或部门有足够的洞察力,能够全面理解和控制所有的风险。一般认为,部门经理能够很好地了解和管理自己部门的风险。但是,即使这些经理们有风险意识并对之实施管理,他们的认识也是不完全的,他们对风险的排序也是不同于企业的整体认识的。组织需要一些机制保证各个部门的经理们能够识别、处置风险和拥有一个统一的风险认识,从而使各部门对风险的排序、处置风险的解决方案和监视风险的结果都从整个企业层面考虑。风险治理流程对两者都行之有效。

大多数大型企业都会用一个有效的风险治理流程引导它们的 IT 风险管理。对于所有的企业,尽快地提升这项修炼是必不可少的。

当一个企业的 IT 风险治理流程的修炼很弱,企业对风险的认识只能是支离破碎的。某些业务部门识别和应对风险会远胜于其他部门。审计会是循环反复的噩梦。突发事件层出不穷。借用我们采访过的一位 CIO 的话,"我意识到我最大的风险是我不知道我的 IT 风险是什么。"

缘起脆弱的风险治理流程的不全面的风险意识会带来严重的危害：

- 相对于其他风险，某项具体风险的全貌和其轻重缓急程度没能得到很好理解。一旦最重要的风险处置失败就会直接导致危害。几乎所有的部门经理都相信自己面对的风险在企业里最为重要（或至少他们这么说）——但是，到底哪项风险最为重要呢？对财务系统可用性威胁的严重性是不是等同于工厂系统中的风险？病毒攻击计算机带来的可用性、准入性和精准性风险，与兼并企业整合期的灵活性风险相比，又孰重孰轻呢？除非企业有一个流程来检查和比较所有的 IT 风险，否则那些最容易被看见的和表面上急迫的风险很容易把人们搞得晕头转向，无论它们是不是最重要的风险。

- 为风险管理投入的金钱和资源不能得到正确认识。分隔管理掩盖了开销的水平和风险的严重程度。我们的调研数据表明，CIO 往往会严重地低估他们为风险管理所投入的资源——平均达 100％—200％。导致错误计算最重要的原因，我们认为，是在风险管理上的投资被分割化了——多个部门、多个主管以不同的多个预算管理风险。

- 风险管理的投入的有效性没能得到正确认知。当风险管理被分割断离之后，人们就很难知道风险管理所作的努力是否获得欲求的结果，以及是如何成功或失败的和其中的原因。我们调查的人群中许多人关心一个问题：他们不知道他们在风险管理上的投入是太多了还是太少了；另一些人则关心他们是否把钱投入到正确的事情上。有效的风险治理流程可以消除很多不确定性。

- 某些风险影响跨越单个人和单个部门的范围。当一个人遇到巨大的风险而又缺乏支持和帮助时，他通常的做法是将其抛之脑后、试图不想它。（以更简洁的例子来说，这就是为什么人寿保险是销售出去的而不是被买走的——这是这个行业的常规。）一个风险治理流程，从上到下沿着企业的命令线贯穿整个企业管理风险，帮助各个业务经理应对那些超出他们个人控制范围的风险，防止出现放弃和靠运气解决问题的方式。

在风险治理流程中，寻找正确的自治和控制的类型和平衡，这是各个企业都要做的尝试性工作。正确适合的步伐是很重要的。在某些企业，风险治理采取先松后紧的方式好,而另一些企业则可能用严厉的风险治理,以便引起注意和迅速降低风险,当风险意识的氛围形成才放松严厉的治理。这三项风险管理的修炼都需要资源,但是在许多企业投入到风险治理流程上的资源看上去是被耗费了——特别是那些从一开始就需要验证投资回报率(ROI)的企业。(正如一家大型医药公司的IT风险管理全球副总裁所说,"由于IT风险管理项目,你无法证明一些永远不会发生的事。")有些组织,它们的流程还没有发展定型,或者它们对来自总部的帮助总是倾向于抵触,可能会拒绝任何类型的治理。尤其是对于那些小型企业,与风险治理流程相关的经常开支似乎是一堆麻烦和浪费。而事实上,根据企业需要量身定制的风险治理流程是必不可少,因为这是唯一能全面了解企业所面临风险的途径。

关于这项修炼的概览,参见"风险治理流程修炼总结"。在第五章我们将详细讨论风险治理流程及其实施中要注意的问题。

风险治理流程修炼总结

风险治理是一系列流程、政策和组织结构的总合,它们为所面临的风险提供一个企业层面的整体认识,从而使高管层在风险管理中能够正确安排轻重缓急和投资;同时那些较低层的主管们也能独立管理他们辖区里的大多数风险。

风险治理驱动型方式的有利之处:

- 能够确保一个涵盖整个企业范围的IT风险认识。
- 能将风险管理与企业战略做最好的整合。
- 能够揭示对风险管理投资不足或过度之处。

风险治理驱动型方式存在的问题:

- 潜在的高额经常性开支。
- 如果风险治理流程没能被管理好,它可能会成为风险管理的瓶颈、拖延风险管理。
- 它可能会被视为仅仅是另一个需要跨越的管理障碍。

在第五章我们将会详细讨论风险治理修炼。

风险意识的组织文化

风险意识的修炼是从个人的责任和行为上解决 4A 问题。风险意识组织文化包含：

- 应对 IT 风险的深度专业技术，它一般由专家控制和使用。
- 贯穿整个企业统一的风险意识，亦即人们对冒险行为的态度和预期，以及如何避免它们。
- 组织文化，这种组织文化明确地鼓励在企业各个层面的每一个人都开诚布公地讨论风险，并担起自己管理风险的责任。

无论构建的基础是多么完美，除非企业的员工有风险意识并愿意为此采取行动，否则没有一个企业能管理好风险。如果缺乏深度的专业技术，基础的技术和程序保护就不能得到有效的实施和管理。如果没有统一的风险意识，企业中任何人都很容易犯原本可避免、会导致严重后果的错误。如果没有鼓励人们公开讨论风险和共担风险管理责任的组织文化，冒险的状态就会被掩盖，或经理们就会想方设法将自己置身于外，逃避风险。

技术在降低风险中的作用也是有限的

在一家化工企业赫希斯特/塞拉尼斯（Hoechst/Celanese）（关于这家公司的案例会在第六章讨论），其风险厌恶的组织文化引导项目经理们为了抵御未预料到的风险，总是要求远超出他们认为所需的资金和时间。[3] 经理们总是达到了他们的目标。但是，他们的风险厌恶文化增加了针对灵活性的风险。公司只能处理应对一些最简单的挑战，在企业进行管理层收购之际，许多重大挑战涌现，这一问题演变成生死攸关的大事。新的管理团队，在改善 IT 基础的同时，还要应对将风险厌恶的组织文化转向风险意识的组织文化的挑战。

拥有一个良好的风险意识不是厌恶风险、逃避风险。而是要承认风险是不可避免的，要做出明智的决策。拥有风险意识组织文化的企业能够承受更多的风险，但是它们并不冒更多的风险。面对它们承受的风险，它们只是更加明智和懂得如何管理这些风险。

风险意识文化的营造是自上而下的

一个风险意识的组织文化需要人们有时能够优先考虑企业的风险,把其置于自己的风险之前,人们能就所面对的风险共享信息,互相帮助化解风险(常常自己没有什么所得),能够承担很大、显而易见的风险。在大多数大型组织这可不是一个常态行为,其激励机制、政策和政治关系通常都是偏爱风险厌恶型,而不是明智的风险意识型。

只有来自企业高层的主动参与和支持才会促成这种行为。在具有风险意识文化氛围的企业里,高管层通过他们的行动、投资和日常举止向大家表明,风险管理和接受经计算过的风险是企业业务经营方式的组成部分。这是相当不容易的。去了解每一项新业务的内在风险,遵从风险相关的政策和治理法则,即使这样做很困难或很不方便,而且要使风险成为可接受的话题和偶尔也要接受的失败(尽管不是所要的);这一切都需要决心和关注。

风险意识组织文化常常是小型、灵活的企业所选择的修炼。在这样的企业里,其企业文化已经有助于承担风险、共享信息和互相帮助。即使大型企业从风险意识文化入手(如 EquipCo. 公司,我们会在第七章讨论),它们也逐渐向风险治理驱动型方式转型。关于这项修炼的概览,参见"风险意识修炼的总结"。在第六章我们将会详细讨论风险治理修炼。

每一个企业都需要这三项修炼。一个构架完善、管理完善的 IT 基础注定要比一个复杂的基础所隐含的风险少。风险意识组织文化能帮助人们认知和公开的谈论威胁、冒险行为和减少风险的机会。一个成熟的风险治理流程能系统的描绘出企业风险的全貌图,整合企业全部的资源应对风险,远多出单个主管的资源和权力。

风险意识修炼的总结

风险意识修炼就是要打造企业成为无论是在哪一个层面的员工,都具有风险意识,能积极讨论风险,承担管理风险的责任。具备风险意识的企业,都拥有应对 IT 风险的精湛专业技术,并由专家控制和使用这些技术。它还建立起一个在企业里统一的对冒险行为性质和后果的认知,鼓励营造一种公开讨论、管理风险的文化氛围。

风险意识驱动型方式的有利之处:

- 风险意识是必不可少的;如果建在一群乌合之众之中,即使再好的流程也会失败。
- 集中的专业技术有助于整个组织认识和化解风险。
- 风险意识组织文化能提升人们以团队探讨和管理风险的意愿,而不是要求每个人全面地管理自己的风险。

风险意识驱动型方式存在的问题:

- 它需要来自高管层看得见的关注和可以模仿的榜样;缺乏他们公开的支持,其效果是有限的。
- 风险意识不可能单靠培训营造起来;它必须与政策、流程和文化相配合。
- 公司可能会在专业技术和一般意识之间的平衡上失败。

在第六章我们将会详细讨论风险意识的修炼。

所有这三项修炼都是必不可少的,但是很少企业会给予它们相同程度的重视。一旦基础中的危险状况得到修缮,企业可以将重心放在对企业最有利的修炼上。以这项修炼作为推动力,三项修炼能演化成为稳定、集成、综合的能力,系统的配置隐含在 4A 中的业务置换。

我们的研究表明,大多数企业会以风险意识或风险治理作为它们行动计划的核心,尽管很多理由要求以抓基础为先——正如我们在下一章所述。无论是以什么为核心,其目标是将风险管理整合融入企业的管理结构中。当风险管理,无论在程序上、技术上、组织上或是行为上,成为企业经营业务方式的组成部分时,有效的风险管理就能实现。

第三章

修缮基础——巩固IT风险塔的基础

半导体制造商 ChipCo 公司的管理者们可以实时地了解公司的订单状态和库存水平，凭借一个综合概览就能知道公司全球的财务、订单和生产状况。[1] 公司可以在短短的两天内做出季度财务报告。客户可以在安全的网站上实时地了解他们订单的状况。公司供应链副总裁可以按需要灵活的调整各地工厂的生产。

很少有企业能够具备这种能力。与 ChipCo 公司不同，大多数企业不是在精简化的、标准化的基础设施和应用系统上建立自己的核心业务流程。通过从一开始就尽可能精简化的构建其 IT 基础，ChipCo 在降低成本和 IT 风险的同时，获取其商业价值。

12 年前，当 ChipCo 公司还只有目前规模的四分之一之时，公司 CIO 和它的团队实施了唯一的一个企业 ERP 项目。它们依靠睿智的 IT 人员，建立了一个安全、可靠、标准化的基础设施架构来支撑 ERP 项目。它们将 ERP 系统与每一个制造现场或"工厂"的 ChipCo 标准制造系统整合。在过去的十年里，该公司的规模翻了两番，以精简化、标准化的技术为焦点的策略仍旧在监控 IT 成本，IT 团队为公司提供一系列高品质的服务，包括安全的客户网站和全球一体化供应链。

ChipCo 公司的低风险 IT 基础架构包括：

- 一个用于全球范围的数据处理和通讯的标准化基础架构
- 一个与各地工厂中的标准化制造系统相连的独一的全球 ERP 系统（其他的应用程序——包括电子商务——都被整合进入全球 ERP 系统的主干中）

- 为公司任何一间设计室的工程师们进入设计系统提供全球准入（取决于准入控制）
- 了解这些系统并知道这些系统如何支持业务流程的IT技术人员
- 经常更新和检查的业务连贯性管理
- 保持所保护区域安全和限制未经授权进入保护区域的控制手段
- 确保基础安全和限制不必要的复杂性和风险进入基础架构的管理

ChipCo对于基础的严格管理减少了所有4A的风险。由于基础构架设计的非常好并且尽可能的精简，可用性和准入性的风险都减少了。由于独一的全球系统消除了数据库中的潜在冲突和冗余，精准性风险也降低了。对于ChipCo公司所需的那种灵活性（推出新产品，提升客户服务，改变产品组合，不从事大的兼并与收购或无关的多元化经营）而言，构架完善的基础很容易得到扩展，因此灵活性风险同样降低了。

大多数企业不具备为降低风险从头开始构建IT基础的有利条件。IT基础架构通常非常复杂：大量各种类型的硬件和许多应用软件集成（如果有的话）方式随意、无章法，技术过于陈旧，以至于几乎没人能了解其中的情况。诸如此类的各种各样状况，加上多年来注重于满足特定业务需求而非从整体角度来管理风险的IT管理的陈旧设施，给企业带来风险。对于大多数企业，支撑其基础架构是一项长期和复杂的挑战，但最终收获的是财务上的收益，经营上的绩效和降低的IT风险。（要了解如何使基础架构有效，请参阅《怎样的基础架构才是牢靠的？》）

怎样的基础架构才是牢靠的？

一个牢靠的、低风险的IT基础就是经过精心构架的一系列相关技术和应用系统，它管理完善并得到足够控制和支持，随时保持其坚实有效，它具有以下属性：

- 标准化的基础设施，只使用必要数量的不同技术的配置，毫无多余
- 整合良好的应用软件库，极尽精简
- 记录的数据结构和过程的定义在整个企业始终保持一致
- 控制对数据和应用程序的访问，通过内建的机制防止未经授权的行动

和探测异常
- 技术人员了解每个应用程序及其如何支持各个业务流程
- 保持技术及时更新和升级必要的安全补丁,并在万一发生技术故障时能提供足够的保护的维护流程

修缮基础——值得的付出

我们的调查研究发现,统计数据的分析表明,拥有良好的管理和简化的基础架构的企业在所有4A上有着明显更低的IT风险。更重要的是,在减少风险的同时,修缮基础还可以带来直接的经济效益。通过改善公司的运营、结构和工作人员对基础设施和应用程序的认识,修缮基础架构可以创造一个成本更少、复杂性更低、更稳健、不容易出错或失灵的IT环境。成本可以降低到多少呢?典型的IT组织仅基础设施的开销在预算中占20%—50%(有时多达70%)。[2]通过精简化,这个数量肯定可以降低10%—35%,或者在全部IT预算中减少2%到17%以上。[3]杜邦公司(DuPont)正在实施尚未完成的基础设施精简项目,每年可以减少其现行IT运营成本数以千万计的美元。[4]四年多来,通过对基础设施的强化和规范化工作,诺华公司节省2.25亿多美元,而其业务几乎没有受到任何影响。[5]

简而言之,鉴于财务、经营和减少风险上的收益,几乎没有企业不愿意精简基础设施。在不对经营产生全面影响的前提下,企业该如何才能修缮一个复杂的摇摇欲坠的基础架构呢?答案是以正确的秩序实施修缮,正确的修缮秩序能使资源、人员和精力的投入发挥最大的杠杆效应。而且修缮基础工作必须自下而上贯穿整个IT风险金字塔。

从IT风险金字塔的底部开始并向上推进

我们对调查数据的分析表明,与可用性、准入性、精准性、灵活性相关的风险因素是一个金字塔形的等级结构,我们称之为"IT风险金字塔"(见图3-1)。[6]

第三章 修缮基础——巩固IT风险塔的基础

对134家公司调查分析表明，对于某个具体的企业面临的IT风险（金字塔的等级）而言，其风险因素与该种风险及金字塔中该种风险以上的一种或多种风险的数量都具有统计上的显著相关性。

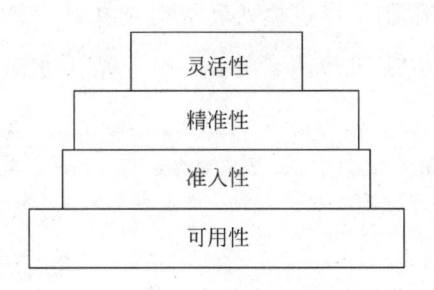

```
         ┌─────────┐
         │  灵活性  │
       ┌─┴─────────┴─┐
       │   精准性     │
     ┌─┴─────────────┴─┐
     │     准入性       │
   ┌─┴─────────────────┴─┐
   │       可用性         │
   └─────────────────────┘
```

图 3-1 IT 风险金字塔

资料来源：© 2007 MIT Sloan Center for Information Systems Research. Adapted from George Westerman, "The IT Risk Pyramid: Where to Start with Risk Management," Research Briefing V（1 D）(Cambridge, MA: Center for Information Systems Research, March 2005). Used with permission.

IT风险金字塔的重要意义是其揭示了每个层级的风险因素不仅对本层风险有影响，还对其上层的各层产生风险。例如，复杂、非标准的基础设施的可用性风险因素会对IT风险金字塔等级中的各个方面产生影响，其影响作用是自下而上的：

- 可用性风险增加，由于采用许多不同类型的技术，很难确保所有技术资产得到妥善保养以及能否配备相应的工具和技术来解决任何可能的故障。

- 准入性风险增加，因为很难管理那些整合方式不清楚的跨多个平台的准入控制，以及很难确保所有各类不同的配置保持最新，及时打上软件补丁。

- 精准性风险增加，因为很难人工将信息在完全不同的系统之间进行整合。当对相同的信息不同定义和版本在驱动技术或编译上进行连接时，即使书面文字自动一体化对接也是很困难的。例如，合并两个系统，还要保证能够识别原在不同系统中的"销售"这个单词，就算可能也是非常复杂的。

- 最后，灵活性风险增加。延伸或转换系统是困难的，因为人们很难搞清楚某个系统中的一个变化是如何影响其他系统的。任何业务的变化都需要调查和改变多个系统，其次是大量的测试和修改，以解决突发问题。其结果是限制了商业模式和战略选择。

图 3-2 说明关键的 IT 风险因素与其在金字塔中相应的层次

对 134 家公司调查分析表明，对于一个给定的企业 IT 风险（金字塔的层级），风险因素不仅与该风险，而且与其在金字塔中所在层以上的一个或多个风险的数量都具有统计上的显著相关性。

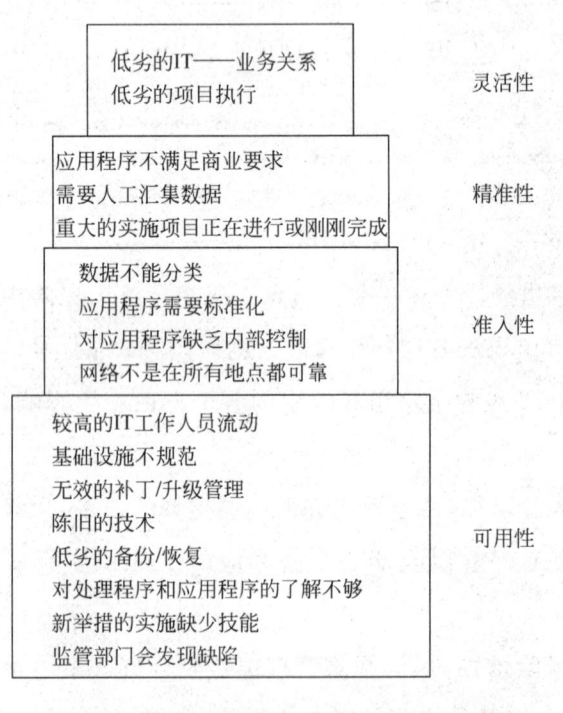

```
┌─────────────────────────────┐
│ 低劣的IT——业务关系          │   灵活性
│ 低劣的项目执行              │
├─────────────────────────────────┐
│ 应用程序不满足商业要求          │   精准性
│ 需要人工汇集数据                │
│ 重大的实施项目正在进行或刚刚完成│
├─────────────────────────────────────┐
│ 数据不能分类                        │   准入性
│ 应用程序需要标准化                  │
│ 对应用程序缺乏内部控制              │
│ 网络不是在所有地点都可靠            │
├─────────────────────────────────────────┐
│ 较高的IT工作人员流动                    │
│ 基础设施不规范                          │
│ 无效的补丁/升级管理                     │
│ 陈旧的技术                              │   可用性
│ 低劣的备份/恢复                         │
│ 对处理程序和应用程序的了解不够          │
│ 新举措的实施缺少技能                    │
│ 监管部门会发现缺陷                      │
└─────────────────────────────────────────┘
```

图 3-2 关键的 IT 风险因素和 IT 风险金字塔

资料来源：© 2007 MIT Sloan Center for Information Systems Research. Adapted from George Westerman, "The IT Risk Pyramid: Where to Start with Risk Management," Research Briefing V(1 D) (Cambridge, MA: Center for Information Systems Research, March 2005). Used with permission.

按风险等级自下而上应对风险是减少 IT 风险杠杆效率最高的方法。从对组织影响的角度来看，这也是最简单的路径。无论在哪一个方面，与 IT 风险管理相关的组织方面的问题在风险金字塔的底部更容易得到管理：

- 在风险金字塔较低层级更容易判明风险降低产生的投资回报率，因为处于低层的风险相对处于高层的风险更加容易量化，随着风险所处层级的上升，量化程度降低。
- 在风险金字塔底部的硬性成本（hard dollar）支出的回报会立即产生；而在上层的回报可能需要几年时间。
- 对于改变自身涉及的组织风险和困难，风险金字塔上层比底层大得多。顶层的变化会跨部门牵涉企业更大的范围，直至更加深入的业务流程。
- IT组织已经几乎完全控制了风险金字塔底部的风险因素，使各项决策和解决方案更简单、更集中，但减少顶层风险所涉及的风险因素已经远远超出了IT组织的能力范围。
- 直到风险金字塔的底层得到控制时，更高层次的风险才能完全解决。权宜的解决方案之后往往必须返工，以减少复杂性，提高精确性和灵活性。

除了采用杠杆效率最高的这种方法减少IT风险之外，从风险金字塔底部向上到顶部——处置各种风险因素在组织上和政治上是最可行的。总之，如果你想翻新你的房子，首先要修补基础的大裂缝。

按照三个步骤修缮基础

在这一章的余下部分，我们阐述巩固风险金字塔基础而达到合格水平的程序。这包括三个步骤：

1. 通过管理业务的连续性化解可用性风险，以确保组织如果发生重大事故之后可以快速地启动和再次运行。

2. 与此同时，清查和堵塞基础架构上的漏洞，利用IT审计和IT团队的知识为指导，处理可用性和准入性风险。

3. 执行基本的IT控制并参照行业最佳实践实施，以监测基础的状态，并防止今后基础架构中的漏洞。

在您的组织完成这三个步骤之后，您就可以开始简化基础架构的长期工作，正如我们在第四章描述的。当然，每一个步骤都值得用一本书去写，但这远远超出我们讨论的范围。在这章我们简要地看看改进流程的每个部分。这些领域中每一个领域都有大量的专家，并且这些专家准备用具体的实施方案提供帮助。

制订和检验业务连续性计划

业务连续性管理（BCM）就是要认清和降低灾难性事件影响关键业务流程的潜在可能性。这是可用性风险管理的基本部分——IT风险金字塔的基础层。其他改善基础架构的步骤可以减少可用性问题发生的可能性，但是BCM是要管理危险事件所产生的影响，尽管它们可能不奏效。

BCM是一个拉动一列超长列车的强劲火车头。在IT风险金字塔的基底，它揭露了企业严重的弱点和风险，它减少一些企业迫在眉睫、最为严峻的风险，它为IT风险金字塔每个层级的长期风险管理奠定了基础，改善了对于所有4A的管理。此外，它改变了业务人员和IT技术人员共事、管理危机的方式，它帮助IT人员理解IT风险对经营的影响及其中的置换配置，还帮助管理人员了解由IT所支持的商业价值，并帮助管理人员理解他们在确保商业价值实现中的作用。最后，BCM创造了远多于危机恢复的重要收益。一个突出的例子是沃尔玛（Wal-Mart）和家得宝（Home Depot）在2006年卡特里娜飓风（Hurricane Katrina）之后所做的安排，它不仅带来友善和忠诚，而且为员工、其他利益相关者以及他们的社区带来了巨大的福利。[7]

许多企业还没有实施有效的BCM。截至2005年中期，在财富2,000强中只有25％的企业拥有全企业范围的业务连续性计划，并且不到50％的企业在前12个月中测试过其灾难恢复计划——一个局限在仅仅用来恢复IT系统的计划。[8]当灾难发生时，大多数企业都准备不足。毫无疑问，正如在前言所描述的那样，灾难的侵袭比企业所想的更加频繁，无论它们是否已准备好。

平均而言，大多数企业在BCM上的花费约占IT预算的2％，或收入的0.6％。[9]作为一个粗略的经验法则，如果企业没有最新的全企业范围的业务连续性计划或在过去12个月计划还没有被成功地测试，那么就应该把更多的注意力和资源投到BCM上。我们特别指出，关注，特别是来自企业管理层的关注是最重要的。IT人员将尽最大努力，确定哪些业务流程和IT支持系统对于系统恢复而言具有最高优先权,但是若没有业务经营方面的帮助,他们不可能正确。此外,IT人员仅仅管理技术资源,这些资源与恢复业务流程所必需的资源具有很大的不同。

在下面方框内的"有效的业务连续性管理的关键步骤"描述了如何建立有效的 BCM 计划。在以下几节提供更详细的阐述。

有效的业务连续性管理的关键步骤

1. 了解 IT 资产和可用性风险
- 进行业务影响分析,并用它来确定在最关键的业务流程上开支的优先次序。
- 设计一个 IT 资产和经营资产的库存清单,并将此库存清单与业务流程连接。

2. 制订计划
- 建立事故管理计划、团队和流程。在事故响应计划中记载首选的沟通渠道和方法。
- 为可用性和业务连续性建立一个服务等级分类和测试计划(如金牌、银牌、铜牌等级服务)。
- 制订范围更大的应急计划,如包含区域性事故和缓和外部风险的计划。

3. 实施和测试计划。
- 在业务和 IT 项目的生命周期中确立业务连续性,以确保人员、技术、设施和业务流程能恢复正常运行。
- 界定标准和反复的开发设计、基础设施和经营基础架构,以满足所需的服务水平。
- 建立对重大事故的雇员通报制度,并培训员工。
- 至少每年做一次测试。如果不能做全面综合的测试,那么就做一个简单的穿行测试(walk-through test),并确保解决对外部的依赖。

资料来源:Gartner, Inc. research.

应用业务影响分析，确定优先次序和恢复的时间表

对可能性低的事故，例如进程中断，做轻重缓急的排序最有效的方式，是比较每一个潜在的事件的影响。因此，在 BCM 中的第一步就是进行业务影响分析（BIA）。BIA 要求高级管理人员对可用性风险的容忍程度进行详细的讨论（正如第一章所描述的），包括评估具体业务流程的失败如何每个小时、每天地影响公司业务以及进程可能失误所处的环境。

在一个中等规模的金融服务公司，一个部门发现在其第一次 BIA 中，客户服务过程中的某一过程的失败在第一个 24 小时将耗费 600 万美元，如果在第一周结束时恢复工作还没有完成，这个部门就会失去此项业务。（这种规模的损失对于很多公司来说是很少的；对于我们采访过的巴西一家信用卡服务提供商来说，销售网络的一个点中断运行的最初 30 分钟内损失了数百万美元。）BIA 可以找出影响最大的流程，以便它们能够得到优先重视。

在实施了 BIA 之后，绘制技术和业务资产与业务流程的相关图，列出当业务流程失败必须恢复或更换的有关设施、设备的库存清单。技术库存清单可以帮助 IT 经理们知道要优先考虑的设备、应用程序和网络，但这不是要进行恢复的唯一部分。当遇到重大灾难时，相对于更换计算机设备，获取业务资产往往更加复杂、更加费时，花费也更多。高德纳公司对直接受"9·11"恐怖袭击影响的纽约市企业的研究，发现大部分企业能迅速恢复其计算处理类资产，但采购办公空间倒是一个反复出现的问题。世界贸易中心双塔和附近建筑物的办公空间等于整个亚特兰大的办公场所的保有量。一些企业为了找到永久办公地址不得不搬好几次家。[10]

制订计划

BIA 帮助遇到失败事件后确定每个业务流程恢复的优先次序。如果其他的所有情形严重程度相同（包括进程的依赖关系、损害程度以及其他因素），产生影响最大的流程应首先恢复。为了改善优先的流程，尤其是在多个进程同时失败的情况下，如整个工作区遭到破坏或系统不可用，许多企业根据相似的影

响程度把流程分类为不同组。表3-1显示了一种分类方法,由高德纳公司研究员罗伯塔·威蒂(Roberta Witty)和汤姆·瓦格纳(Tom Wagner)设计,描述了对不同类型的应用程序基于商业目的和危急程度所需要的服务水平。针对各种类型,应用标准化的恢复进程和时间表,确保在危机中资源被分配到急需的地方。

表 3-1 服务水平分类的例子

	业　务	服　务　水　平	建　　议
类型1	面对客户或合作伙伴的	24小时×7天预定99.9%	每年的"战争模拟演习"(未经宣布的全面模拟灾难或攻击的情况)每6个月后全面测试一次
类型2	关键程度略低的利润生产环节	24×6+18小时(保留6小时维护窗口)99.5%	每6个月在"桌面"测试和每年全面的测试
类型3	公司后台职能	18小时×7天预定99%	每6个月"桌面"测试和每年全面的测试
类型4	部门职能	24×6+12小时(保留12小时维护窗口)98%	每6个月"桌面"测试和每年全面的测试

资料来源:© 2006 Gartner, Inc. Adapted from Roberta Witty and Tom Wagner, "Business Continuity Management Today: From Hurricanes to Blackouts to Terrorism," paper presented at Gartner it Security Summit, June 5-7, 2006.

BIA和服务分类阐明了恢复的顺序,但不是实际的恢复流程。每一个业务流程都需要一个事故管理计划来明确定义恢复的流程,包括职责、条件和启动应急响应的机制;配备团队,执行对情况进行最初的评估;按事态严重的演变提升在公司需要通报的层级和监督范围;管理沟通交流和事件的解决方案;对事故做正式定论。

区域性的局部灾难相对比较少见,但是当这种情况发生时,企业会发现自己要与在其区域内的其他企业为稀缺资源而竞争。大多数企业建立自己的数据备份中心,充分地满足了主要数据中心要免受单一灾难性事件影响的要求。但是,准备非常充分的企业会做得更进一步,并且为必要的基础设施制订计划,包括交通运输、物资供给、通信和电力,在发生灾害的区域它们将需要这些东西直到它们可以在灾区以外进行重新安置。

在区域性的灾难中,较小的企业可能会缺乏用以弥补基础服务的损失的资源。[11]在美国南部的一家保险公司有很好的理由投资于灾后恢复:该地区经常被飓风袭击,并且它不能搬迁,远离其主要客户群。但是,其他企业可能认为在不易发生灾难且具有全面的灾难恢复能力的地区很难找到商业依据这么做。无论怎样的规模,在这方面做一些准备要远好于完全没有准备。大多数 BCM 事件并不是区域性的灾害;但对于这些小事件的计划也同样重要,这种做法在发生大规模的灾害时也将是有用的。"9·11"攻击之后,那些已建立和实施业务连续性计划的企业相当快地成功恢复运营,即使这一事件的影响范围超出了它们的计划范围好几个数量级。[12]

除了制订减少事故影响的计划外,制订减少具体流程漏洞的计划是另外要执行的一项活动。它可能包括业务上的变化调整,技术变化调整,或两者兼而有之,这取决于业务流程所受的影响。例如,一级汽车配件供应商的管理人员可能推断在客户的生产线受到影响之前他们能承受制造系统中最大一小时的停工时间。任何多于一小时的停工将导致生产线关闭,引发令人无法接受的巨额罚款和商誉损失,但是,要将可能发生的故障的最大停工时间减到一小时之下,会产生比公司可能遭受的任何损失更高的成本。管理人员要追溯前期的工作,制定一个综合调整来减少风险,如保护 IT 资产避免可能的故障停机,确保在 30 分钟的停机中备份系统可供使用,调整成品库存,在停机后有半小时供应的缓冲。应用相似分析法对供应链流程进行分析,引导管理人员将变化调整的重点放在诸如制定更严谨的合同要求,减少对于一些特定供应商的依赖(即分散风险),要求供应商在现场保持比精益生产流程所保证的更大的库存。

实施和检验计划

大多数企业定期进行防火演习,但是,即使有,大多数企业也很少经常检验其业务连续性计划。全面的综合检验要好过潦草的穿行(或"桌面")检验,但简单的穿行检验总比没有好。通过训练和检验而形成的力量,往往是惊人的强大和灵活的。在印度孟买塔塔咨询服务公司（Tata Consultancy Services offices）的办公室中没有人曾想到，一个地方的灾害将在同一时间关闭两个独立的公司。在 2005 年 7 月严重水灾中，这恰恰发生了，一支训练有素的塔塔事故应急小组知道如何以及以何种顺序联络和协调关键的公司高管和资源，该小组能够随即找到方法，快速地为关键外包客户恢复运营。[13]塔塔团队订购设备超越其授权的正常水平，在运行中调整工作人员的角色，并与客户一同工作以便快速开发出服务的替代方案。团队成员知道他们要实现什么，而且他们知道有管理人员的支持。在测试和培训中取得的经验是这种信心的来源。

制订和测试一个连续性计划对大型和小型企业来说有很多工作要做。但 BCM 直接被用来应对其严重程度或许是完全灾难性的风险。通过化解可用性风险——IT 风险金字塔的基底，BCM 带来的利益不仅仅是避免灾难的损失。例如，在我们的调查中，统计报表表明有制定和测试业务连续性计划的企业灵活性风险水平明显的较低，所以他们从 BCM 投资上获得额外的价值。

在改善基础架构时，从 BCM 开始是逻辑上的第一步，它创造额外的商业价值同时降低了风险事件的影响。但与此同时，企业应采取措施，通过确定和堵塞基础架构中的漏洞，减少事故发生的可能性。

查找和堵住堤坝中的漏洞

我们都知道有关勇敢的荷兰小男孩（"哈勒姆英雄"，hero of Haarlem）的故事，为保护城市他把手指插入堤坝中的一个漏洞，直到救援的到来。这个简单的及时的行动阻碍了堤坝崩溃，拯救了这座城市。对于要修复的堤坝，还有大量必须要做的工作，但是，如果荷兰男孩没有迅速实施他的权宜之计，那就没有什么险后的堤坝需要修理，没有城镇需要救护了。

许多 IT 基础架构充满了可能看似并不非常严重的漏洞，特别是人们对它们已习以为常，以至于他们不再把它们看作问题。随着时间的推移，这些细小的漏洞，例如对进入系统和使用数据的草率管理和应用程序不受控制的或无记录的改变，这些都削弱了基础架构。基础架构遭受强大的冲击，导致整个结构坍塌。一个相关的例子是，2004 年之前已报道的最大的身份信息盗窃案件。

这种犯罪行为的实施是一个小金融服务公司的雇员利用公司的漏洞,进入公司管理程序,在3年多的时间里从益百利公司(Experian Corporation)的数据库窃取三万个完整的信用记录。[14]当道德败坏的员工意识到机会并抓住它时,程序中的一个小漏洞会成为一个主要问题。

制止外溢

在弥补漏洞中最重要的因素是管理的关注,并且这个关注代表了额外的费用和努力,尤其是对企业来说它是某种新事物。但是,潜在的忽视成本远远大于目前清晰执行的费用。一家至少需要保护十万个客户账户的公司,第一年在诸如数据加密,入侵防御,以及强大的安全审计等保护项目上的花费是平均每个客户账户多达16美元,随着账户数量上升到百万元,每个账户的费用成比例的下降。[15]这听起来可能并不便宜,但如果账户数据被"破解",每位客户账户的费用一般超过90美元,美国国会目前正在考虑的对侵犯隐私要求最低罚款额的立法可能把这些费用提高到灾难性水平——对每一个暴露的账户高达11,000美元。[16]显然,预防没有事后恢复昂贵。

堵塞漏洞的第一步是要找到它们,达到这种目的的一个重要手段是进行一个内部或外部的IT审计,我们随后将进行更详细的说明。但是,甚至在一个IT审计进行之前,企业就可以检查它最近的情况,对IT和业务经理人员进行民意调查,寻找危机的警示:如果不是因为运气和环境,事件的后果可能是很严重的。例如在2005年2月ChoicePoint公司的疏忽销售导致超过15万个人记录被数据窃贼掌握,由2002年一个类似但并不出名的事件所预示。[17]到第二起事件的时候,加州(California)实施了一项法律(州立法案1386),要求立即通知这些遭受到未经授权访问的未加密的个人信息的加州居民,并且ChoicePoint公司别无选择,只能公开透露信息被盗。

换句话说,如果您的企业最近逃过了一劫,检查你的防弹背心的状况是一个好主意。跟踪射在其他企业上的子弹也不是一个坏主意。一家大型制药公司的风险官员从最近其他公司发生的引人注目的IT风险事件的清单着手各项预算请求。这有助于提醒她的老板,风险管理是一个以相对较小的投资以防止更大的弊病。通常的安全底线包括：
- 确保你的组织知道它拥有的所有的基础设施，了解每一个技术支持的业务流程，并且如果技术失败，懂得如何恢复服务（当然，这里有BCM的成分，所以除了找到堤坝上的漏洞之外，执行BCM还有另一个好处）
- 管理基础设施的主管要负责监视和维护基础设施的所有环节
- 确保所有设备，包括硬件和软件，获得相应的软件补丁，升级和快捷安全的维修
- 落实跟踪机制，以表明以往的保护措施正在有效地运作

实施IT审计

发现会导致突然崩溃的漏洞的最直接的方式是对IT流程和系统实施风险审计。IT风险审计，如同其他类型的审计，是由合格的专家对流程和设施的现状进行的独立的审查。审查可由内部或外部审计员进行，各有利弊。

企业可以自己做IT审计，但对于第一次审计来说，它们最好使用一个外部审计公司。外部的IT审计费用会比内部审计高，但是外部审计带来经验和一定程度的公正性（和可信性），很少有企业会用内部审计进行它的第一次IT审计工作。

一般规模较大的企业都有自己的审计员，即使因法规的要求聘有外部审计员，最终也会提高自身的IT审计能力。它不仅仅是一个费用的问题；我们的调查分析表明，内部审计在减少整体IT风险上和外部审计一样有效，而且在精准性风险的减少上更有效。为什么？管理人员告诉我们，内部审计员有一个内在的信任程度的优势，外部审计员是无法相比的。和外部审计员相比，这一优势使内部审计员，更加积极主动地来探索风险。例如，内部审计员往往能够深入研究项目，因此，帮助项目经理避免冒险的决策。内部审计员对企业的历史、战略和做法有广泛而深刻的认识，而外部审计员要花费多年去了解。一些管理人员告诉我们，在系统开发周期的早期进行内部审计，有助于他们在这些风险进入到企业系统和业务流程前找到并确定潜在的风险。（见《IT安全和风险审计中的共性问题》）

IT 安全和风险审计中的共性问题

高德纳公司的研究提供了一个清单,该清单列出了 IT 安全和风险审计中发现的一些共性问题和它们的影响意义,以及在审计中避免这些问题的方式。大多数发现的问题是有关准入性和可用性的,这些问题出自如此审计背景之下是不足为奇的。同样,并不令人感到惊讶的是,在许多情况下拟议的补救措施包括建议更频繁的审计。这个建议在改进控制的跟踪记录建立起来之前是合情合理的。[a]

准入性

1. 发现的典型问题:商业合作伙伴的协议和第三方的合同并没有明确专门针对数据保护的要求;审计人员无法获得所有第三方的关系或内部控制证据的汇总表。

这意味着什么:审计员已经认识到在缺少控制的情况下,合作伙伴是一个重要的风险来源。

如何避免:

- 最低要求——按安全性和风险的要求重审第三方合同。
- 建议——需要第三方出示控制的证据和进行年度审查。在合同里添加安全性和风险性条款。
- 更高要求——要求按萨班斯 SAS 70 法案第 2 条进行审计或相应的外部审查和认证控制。

2. 发现的典型问题:审计人员无法获得正式的证据,表明员工已经阅读并了解他们对于数据保护的责任。

这意味着什么:风险意识的缺失,敞开了防患之门,详见第六章。

如何避免:

- 最低要求——为使用者撰写一份用户手册,并人手一份。
- 建议——用正规指导和专业化制作的材料,使培训项目制度化。
- 更高要求——建立以计算机为基础的培训,并且进行跟踪和报告。设定要达到的目标。

3. 发现的典型问题：太多的管理账号和客户账号没有绑定到人。

这意味着什么：账户没有绑定到具体的每个人，准入控制和监视工具就不能发挥作用。

如何避免：

- 最低要求——删除所有共享账户。制定政策禁止账户共享。为管理员建立自己个人的特权账户。
- 建议——减少特权账户和管理员的数量
- 更高要求——跟踪所有管理人员活动

4. 发现的典型问题：无法确定每个用户可拥有的专项权限。无法确定每个用户都获得与其职位相对应的经过授权的专项权限。

这意味着什么：对谁有权准入访问什么和是否获得相应授权没有控制。

如何避免：

- 最低要求——建立创建用户和删除用户的流程。
- 建议——建立自动化的用户配置/移除和身份审核流程。
- 更高要求——建立角色管理，权限认证，企业职权分离的检查和补救制度。

5. 发现的典型问题：无法跟踪记录用户的活动，生成用户接触过什么内容和何时接触的记录。没有日志收集和分析的证据。

这意味着什么：不能监视谁访问过特定的资源，如数据库和文档，则意味着没能控制准入和监视准入。

如何避免：

- 最低要求——手动收集和审查关键系统的日志。
- 建议——实现自动的收集和分析日志。
- 更高的要求——实施全面的身份管理，数据库活动监测，分析和日志归档（以及恢复！）。

6. 发现的典型问题：不能制作信息资产的库存清单及相关的分类。

这意味着什么：你不知道你拥有什么信息，并且你不知道应该如何保护。

如何避免：

- 最低要求——制定一个专门的关键系统名单和公布可行的分类政策。

(警告：一个手工的分类流程总是不完整的和有风险的。)

- 建议——实施库存的盘点和分类计划。
- 更高的要求——实施正式的资产管理和寻求自动化机制，以查明先前未被意识的敏感数据，或使用强制性管制，以防止资料外泄。

7. 发现的典型问题：对数据中心的准入访问不受控制。

这意味着什么：确切地说，访问数据中心不受控制。

如何避免：

- 最低要求和建议——立即实施准入制度，保证最低的强制制度控制（锁门，进出登记签名）。让应用程序开发人员置身之外。
- 更高要求——设置感应卡，复杂的多因素身份认证，集成有登录记录，视频监控等准入控制的跟踪。

可用性

1. 发现的典型问题：没能找到当前与现况相关的业务连续性计划或需要周期性更新的内部控制的证据或相同的检查。

这意味着什么：业务连续性计划的制订和管理有严重缺陷。审计员对一些诸如"9·11"袭击的严重事件之后随即产生的问题更加敏感。

如何避免：

- 最低要求：写一份最小的灾难恢复和业务连续性计划。
- 建议：利用最佳实践经验，写一份正式的计划。测试你的计划。
- 更高要求：保持一个具备自动故障转移和故障恢复的热站。每年全面测试故障转移。

精准性

1. 发现的典型问题：没能发现对物资系统管理变更的证据。

这意味着什么：对变更没有控制，所以不可能知道变更是否导致数据不准确。

如何避免：

- 最低要求：建立开发、测试和生产相分离的环境。实施变更请求流程。
- 建议：实施变更管理流程和最佳实践。
- 更高要求：建立带有设置审计和自动变更协调对账的全面的变更管理

数据库。

2. 发现的典型问题：无法控制在物资 ERP 系统中职责分离带来的财务报告问题。

这意味着什么：某人能够利用冲突的准许权限实质性的影响财务报告的完整性。

如何避免：

- 最低要求：手工全面检查所有 ERP 的用户是否存在冲突的准许权限。
- 建议：在供应流程中的自动检查、修补流程和工作流（workflow），避免更多的问题。
- 更高要求：连续的监视 ERP 交易，以防冒险的利用冲突准许权限。

资料来源：Paul Proctor and Gartner Risk and Compliance Research Community, March 2007.
a. 注释，在给定的资料里，安全审计——大多数这些发现的问题和控制聚焦在准入风险上。一个全面的 IT 审计将包含技术、政策、程序和技能，涉及四项风险：可用性、准入性、精准性和灵活性。

基于标准框架实施控制和审计

对于不习惯于任何控制的企业来说，控制可能是一个棘手的问题，而这正是许多 IT 组织的情况。COBIT（信息及相关技术的控制目标）作为一种日益流行的 IT 流程（包括治理和运营管理）标准，有 34 个主要 IT 流程控制和 215 个次要的 IT 流程控制。[18] 对你的企业来说，其中哪一个是最重要的？与规划和组织相关的 10 个主要控制中，或与配送和支持相关的 13 个主要控制中，哪一项是最紧迫的？不可能说你不知道什么是最重要的漏洞。出于这个原因，除有最好的资金来源和最具风险敏感性的企业外，所有其他的都要基于审计结果实施控制，以便在最严重的问题转移到其他地方之前，首先解决最严重的控制问题。

虽然控制在内部已被设计和建立，但是还有许多很好的理由使用行业标准的框架，如 COBIT、ITIL（信息技术基础设施库），或 ISO 17799 标准（被广泛认可作为信息安全管理的基线标准）。[19] 控制并不是简单的，尤其是从损坏的地方发展起来。如果设计和执行不当，这可能导致比它们解决的问题更多的问题。

在内部设计的控制上,标准工业控制提供了许多优势:
- 执行一个标准的框架,企业将受益于外部专家的指导,因为他们从早期采用者的实践中积累了经验。
- 标准控制采用绩效标杆更加容易,因为企业可以与其他使用相同的框架的企业在同类的基础上进行比较。
- 标准框架使得外部审计更容易、更便宜、更准确,因为审计人员了解这种框架并且有这方面的审计经验。

尽管有这些优势,但正如描写的那样,采用 IT 具体标准框架如 COBIT 和 ITIL 仍然是有限的,虽然越来越多地采用它们。一项研究(见图 3-3)表明,2005 年,所有被调查组织中只有不到一半(45%)的组织使用标准流程或控制框架进行 IT 治理。1/3 的受访者使用内部开发的框架,其次是 21% 使用 ISO 9000,13% 使用 ITIL,和 9% 使用 COBIT。22% 的受访者还没有决定采用任何框架,这使我们认为他们的 IT 基础架构的状况是值得置疑的。33% 的组织使用内部开发的框架,可能能够通过对它们自制的框架和行业标准进行比较中获益,来看看它们自己的框架是否真正代表了改进。[20]

在下雨的时候,修复屋顶是一个艰难的工作,许多企业过于忙于处理不成熟的 IT 流程导致的结果,而没有投入资源对它们加以改进。换句话说,执行任何控制框架是不容易的。然而,一个成熟的标准化驱动的 IT 流程所产生的效益是显著的,而使用一个不成熟的流程事实上成本是非常高的。通过项目管理方法减少项目风险的做法就是类似的例子。在 20 世纪 90 年代后期,基于 1.7 万个各种规模的 IT 项目的数据,高德纳公司的流程成熟度的研究,发现组织通过连续使用适度严格的标准流程来进行应用软件开发,软件开发生产率在两年中提高了 30%。[21] 一个成熟的流程不仅仅是节省成本,还减少了错误和不愉快的意外。

业务连续性管理,制止溢出,IT 审计,并实施控制和行业最佳实践是必不可少的步骤,每一个企业应采取这些步骤以加强风险金字塔的基础。实施这些机制将大大减少事故的可能性和灾难性风险的暴发,同时持续不断地提高企业的管理风险的能力。

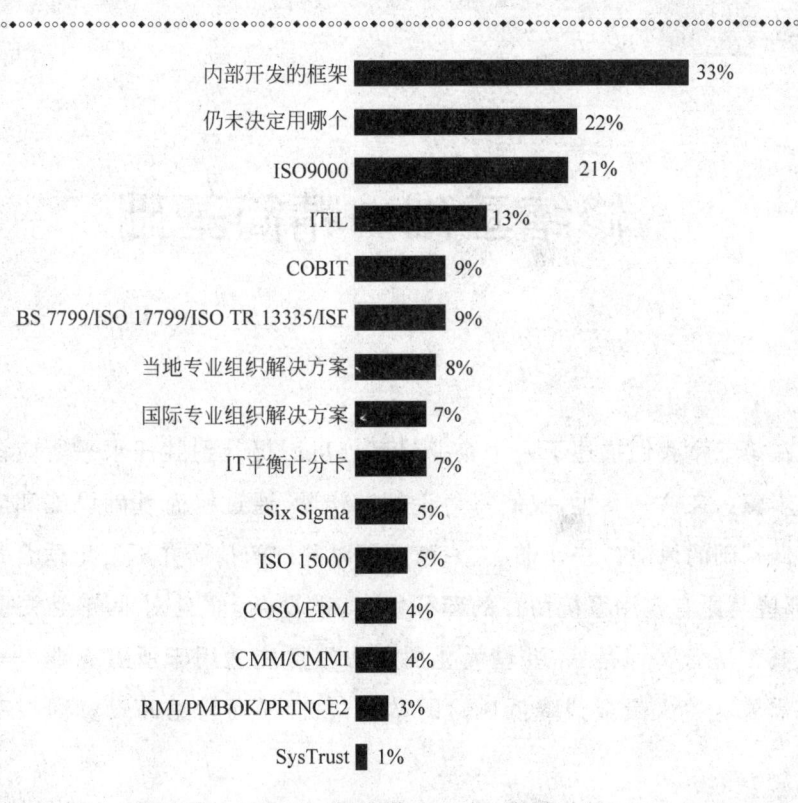

第三章 修缮基础——巩固IT风险塔的基础

框架	百分比
内部开发的框架	33%
仍未决定用哪个	22%
ISO9000	21%
ITIL	13%
COBIT	9%
BS 7799/ISO 17799/ISO TR 13335/ISF	9%
当地专业组织解决方案	8%
国际专业组织解决方案	7%
IT平衡计分卡	7%
Six Sigma	5%
ISO 15000	5%
COSO/ERM	4%
CMM/CMMI	4%
RMI/PMBOK/PRINCE2	3%
SysTrust	1%

图 3-3 采用的标准流程和控制框架

资料来源：*IT Governance Global Status Report*-2006. 2006 IT governance Institute. All rights reserved. Used with permission.

即使这些步骤都完成了，工作也尚未结束。从商业价值和降低风险来看（特别是在精准性和灵活性），最大的回报来自从基础设施开始的IT安装基础的彻底简化。这极为重要的一步是我们下一章的主题。

第四章

修缮基础—精简基础

在第三章我们描述了一个企业将基础巩固提升到胜任水平所应该采取的初步步骤。在这一章里,我们将讨论下一步骤:通过精简基础设施和应用系统来降低基础的风险。快速彻底、一蹴而就对基础的精简并不一定适合每一个企业,那些其原有应用系统留存的部分很大、很复杂,而且对业务至关重要的企业尤其不适宜。但是,一些精简化的方法很可能适用于所有企业——不同于很多需要花费大量金钱降低风险的做法;它们显而易见的投资回报率极具说服力。

一个合理化的基础设施可以显著地降低风险,正如第三章所述,仅仅是由此产生的成本的减少都足以引人注目,以至于在业务活动中任何关于风险降低的讨论都只是锦上添花。鉴于经济回报,没有企业不愿意精简基础设施。

在讨论细节之前,我们再次回顾一下我们之前的定义:基础设施是保证业务应用系统可靠运行的IT资源、流程、政策和人员的共享平台。它包括计算机和其他类型的硬件、网络、非业务流程的具体应用程序(如操作系统、电子邮件和文字处理器)以及通用支持功能(如IT技术支持)。在许多企业里,它还包括标准化的应用系统,例如贯穿整个企业共享的财务系统或人力资源系统。(图4-1描绘了基础设施及其与经营战略、业务流程和应用程序之间的关系)

第四章　修缮基础—精简基础

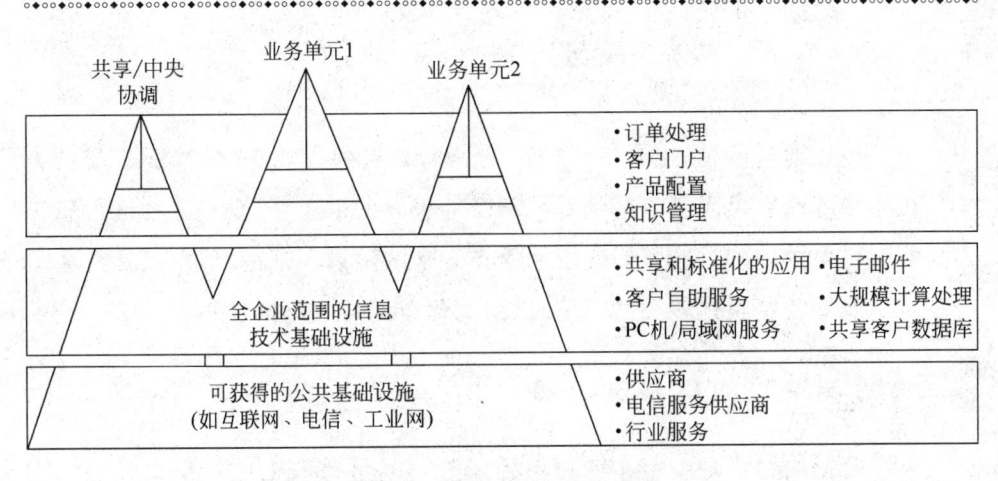

图 4-1　系统环境中的基础设施

资料来源：Peter Weill, Mani Subramani, and Marianne Broadbent, "Building IT Infrastructure for Strategic Agility," *MIT Sloan Management Review* 44, no. 1 (2002). Used with permission.

曾经的投入给 IT 基础留下沉重负担

如果基础设施精简化仅仅是简化已安装的基础的话，本章将是一个简短而愉快的章节。但是很不幸，企业在它的基础设施之上开发了大量应用系统，它意味着一系列各式各样的问题。尽管除了维护它的技术员，基础设施有时不被人所见，但基础之上的这些应用程序不可分割地与业务流程紧密相连。改变基础设施就是改变技术；改变应用系统就是改变业务。

大多数企业都很难替换这一系列的应用系统，因为它们代表着巨额投资和深嵌企业结构的业务方式，如果某个应用系统显而易见的支撑着经营业务，要做改变就更难了。应用系统全面改造需要巨额资金投入和改变业务，还有必要的技术改变。此外，一项大规模的改造项目既可能成功也可能失败，还可能在改造完后，业务依旧如前毫无变化［甚至更糟，就像 FoxMeyer 的案例——一家制药分销商，在实施企业资源计划（ERP）失败后不久在 1996 年破产。］[1]

换言之，企业必须平衡精简应用系统的风险与由此产生的潜在成本，并抵抗遗留系统隐含的风险。其中一个平衡风险的方法就是推进企业转型。

精简基础设施的两种途径

转型可以通过两种方式之一进行：快速而激进的方式，或缓慢而稳健的方式。在原系统遗留风险已经高到不可承受的极限的情况下，快速和彻底的转型方法是最可取的。如果遗留的应用给业务带来的限制不是很严重，或是业务本身不一定能够控制快速转型的风险时，精简化应用需缓慢推进。

快速转型有效但具有风险

泰克公司的案例是一个在遗留系统风险驱动下采取快速转型方式的典型案例。[2] 公司现有能力无法支持再做重大战略性变革的情形，向高管层表明，原有应用系统的灵活性风险已经到了无可忍耐的程度。与其他必须实施的重要战略性变革一道，高管层团队准备为转型项目提供资金、关注和支持。CFO 卡尔·纽(Carl Neun)和 CIO 杰姆·万斯(Jim Vance)成功的实施了一个巩固基础设施的项目，这个工程的推进为接下来的转型奠定基础。为了进一步使这个价值 5,500 万美元、耗时三年的工程降低风险，纽和万斯以波浪式连续地推进项目——首先保证每一个单独的部门在新的、统一的全球流程和支持应用系统下的设计、技术和组织的变革的成功，然后再整合两个不同的业务部门。贯穿整个转化过程，纽和万斯一直坚持每个业务部门都采用标准的流程和技术。在标准应用系统之上，增加必要的专门定制化（例如，以当地语言显示文字，适应多样的货币等）措施，就如同独立包装一样。

确保标准化是一个巨大的政治和组织上的挑战，它需要来自各个层面的支持。它有益于降低所有 4A 的风险，尤其是对高管们最重要的精准性风险和灵活性风险。除了成功地剥离业务部门之外，泰克公司还显著的降低了公司其他的 IT 风险，也显著地改善了经营绩效（详细介绍见导论）。[3]

渐进转型缓慢但稳健

对于泰克公司来说，激进转型的风险低于继续在遗留系统做业务的灵活性风险。在当前业务基础的可用性、准入性、精准性和灵活性风险没有达到临界状态时,风险的权衡就完全不同了。转型的紧迫性大大减少,应用系统快速转型所带来的相关风险只是悄悄的在逐渐增大。在这种情况下,企业应该采取一种渐进的办法,以改善基础。

采取这种缓慢但稳健的方法的一个显著的案例是阿美拉达赫斯(Amerada Hess)公司——一家市值130亿美元的石油、天然气公司。阿美拉达赫斯将它的大范围的应用系统精简过程分为十年进行,从90年代中期开始,每次精简一个应用系统。[4] 每一个新项目删除旧的、非标准的数据结构,代之以新的、标准化的、结构优良的数据库,逐渐创建一个在整个部门信息一致的信息源。只有高管层管理的改变才可能从根本上加速转型步伐。尽管精简化过程时间很长,但长达十年的细致的基础工作使得最后的成功更加迅速和彻底(我们将在下一章更细致地讨论这个案例)。

基础设施的成功转型遵循三个步骤

尽管快速而激烈、缓慢而稳健的方法在风险和受益方面有所不同,但它们都遵循三个共同步骤:

1. 两种方法都有一个清晰的概览全局的架构,充当一个转型的向导,它是转型工作的指南针和方向舵,我们将在本章稍后的部分详细阐述。

2. 两种方法都通过改善基础设施,实现降低风险金字塔底部的风险,降低运营成本,并为重建应用系统提供一个坚实的平台。

3. 有一个适当的强大的平台和一个清晰的方向,转换遗留应用系统的艰难挑战就开始了。

这三个步骤时有重叠,有些企业进行一个或多个步骤比其他的快,但是完成的顺序仍然是一样的。

美国住房和城市发展部(HUD)正在进行的基础设施精简工程见证了以上步骤。[5] 1996年,这个市值350亿美元的机构有一个非常复杂、高成本、高风险的基础设施。三个主要的业务功能(住房,社会发展,公共住房)分别在三个立法委任权下建立,并且由不同的国会委员会管理,各自独立运作,甚至有支持各自的业务运作的IT职员。由于立法委任权要求的是快速而非结构优化的IT系统,这种独立运作最终导致一个破碎的、高成本的、灵活性差的、结构不良的IT基础设施。美国住房和城市发展部CIO莉萨·斯洛瑟(Lisa Schlosser)告诉我们:"我们计划在2010年将我们主要的原有遗留系统转变为现代平台,因为它们约束了业务的发展。原有遗留系统包括过去二十年产生的数百万的代码,它们的灵活性非常差。"

美国住房和城市发展部设计它的IT系统架构方案时,首先评估根据业务需要确定的技术投资组合:(1)根据业务范围划分IT技术投资组合;(2)识别出美国住房和城市发展部的核心业务和支持流程以及每一个业务的种类;(3)根据职能描绘出所有IT系统的构架图。(4)制定改善系统环境的方案和系统架构。

分析和制订架构计划完成之后,美国住房和城市发展部重心放在减少基础设施成本上,它占去大部分的IT预算。剔除冗余的应用系统和基础设施就能减少IT人员,它的开支是美国住房和城市发展部的IT基础设施费用中最大的组成部分,大约占整个预算的25%。斯洛瑟告诉我们:"我们在这个上面做了很大的努力,最终可以显著地减少成本,筹集更多的资金用于再投资。"目前,简化的第三阶段——大规模的替换应用系统——正在展开。尽管第三阶段成本可观,但是,由于在IT体系架构和基础设施阶段打下的坚实基础,美国住房和城市发展部的整个IT预算仍然保持稳定。[6]

体系架构确定航线并确保转型顺利

将精简化的第一个步骤定为设计体系架构并非偶然。(详见《什么是体系架构?》,以两个公司的体系架构视角为例。)一个体系架构为业务流程和支持技术建立了未来远景,并因此为多年之后仍能发挥作用的技术决策提供指导。详细到高度具体的技术标准的远景,成为了评估当前企业技术未来价值和风险的标准。从这个意义上讲,体系架构相当于精简基础设施旅程的指南针,相当于在开始之前阻止不必要的复杂性,从而降低其可用性、准入性、精准性和最终的灵活性风险。

一个体系架构的蓝图是通过企业完成的每个项目所做的众多决策实施的。通过按照体系架构标准系统地实施新的计划和设计,企业"未来蓝图"保证新环境能预防增加风险的不必要的复杂性。反之亦然。美国住房和城市发展部的

第四章　修缮基础—精简基础

背景故事充分显示出，不按照架构标准来做决策极有可能增加其复杂性和风险而不是减少。简化是限制选择，但是没有了架构标准，一切都是空谈。在这个意义上说，体系架构是一个方向舵，它保持企业不偏离方向，奔向目的地。

什么是体系架构？

企业体系架构是"业务流程和IT基础设施的组织逻辑，它反映了公司的经营模式的一体化和标准化需求"。[a] 有效的体系架构反映了企业的愿景，即企业的业务流程应如何进行，以及对支持这一愿景所需的IT技术的理解。其内容极尽一页纸简明的表述，正如MetLife和ING Direct的企业体系架构一样。

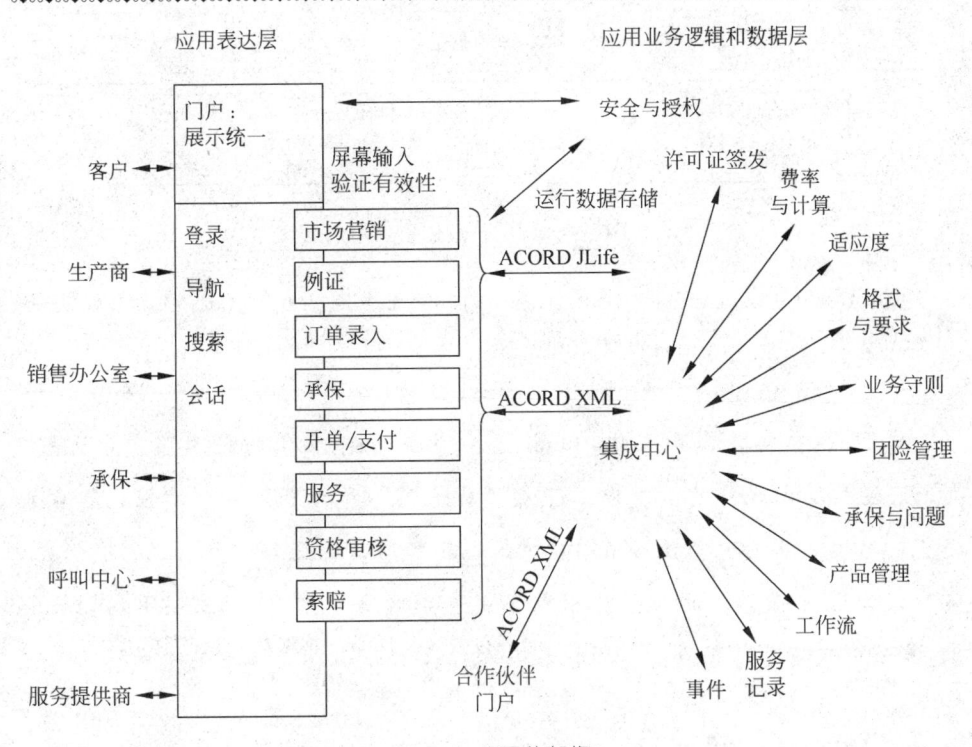

MetLife公司的架构

资料来源：Adapted from MetLife documents. Reprinted from Jeanne Ross, Peter Weill, and David Robertson, *Enterprise Architecture as Strategy*: *Creating a Foundation for Business Execution* (Boston: Harvard Business School Press, 2006), 59. Used with permission.

IT风险

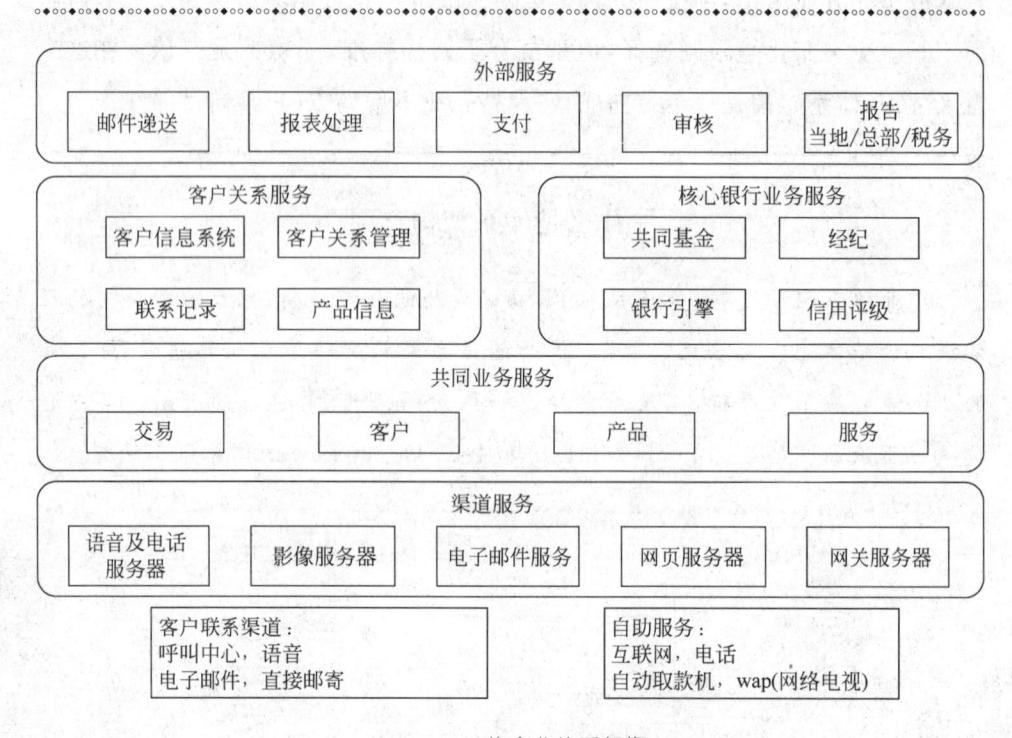

```
┌─────────────────────────────────────────────────────────────────┐
│                           外部服务                               │
│  ┌────────┐  ┌────────┐  ┌──────┐  ┌──────┐  ┌──────────────┐  │
│  │邮件递送│  │报表处理│  │ 支付 │  │ 审核 │  │    报告       │  │
│  │        │  │        │  │      │  │      │  │当地/总部/税务│  │
│  └────────┘  └────────┘  └──────┘  └──────┘  └──────────────┘  │
└─────────────────────────────────────────────────────────────────┘
┌──────────────────────────────┐  ┌──────────────────────────────┐
│       客户关系服务            │  │       核心银行业务服务         │
│ ┌──────────┐ ┌──────────┐   │  │ ┌──────────┐ ┌──────────┐   │
│ │客户信息系统│ │客户关系管理│   │  │ │ 共同基金 │ │  经纪   │   │
│ └──────────┘ └──────────┘   │  │ └──────────┘ └──────────┘   │
│ ┌──────────┐ ┌──────────┐   │  │ ┌──────────┐ ┌──────────┐   │
│ │ 联系记录 │ │ 产品信息 │   │  │ │ 银行引擎 │ │ 信用评级 │   │
│ └──────────┘ └──────────┘   │  │ └──────────┘ └──────────┘   │
└──────────────────────────────┘  └──────────────────────────────┘
┌─────────────────────────────────────────────────────────────────┐
│                          共同业务服务                            │
│   ┌──────┐      ┌──────┐      ┌──────┐      ┌──────┐          │
│   │ 交易 │      │ 客户 │      │ 产品 │      │ 服务 │          │
│   └──────┘      └──────┘      └──────┘      └──────┘          │
└─────────────────────────────────────────────────────────────────┘
┌─────────────────────────────────────────────────────────────────┐
│                           渠道服务                               │
│ ┌────────┐ ┌────────┐ ┌──────────┐ ┌────────┐ ┌────────┐      │
│ │语音及电话│ │影像服务器│ │电子邮件服务│ │网页服务器│ │网关服务器│  │
│ │ 服务器 │ │        │ │          │ │        │ │        │      │
│ └────────┘ └────────┘ └──────────┘ └────────┘ └────────┘      │
└─────────────────────────────────────────────────────────────────┘

 客户联系渠道:              自助服务:
 呼叫中心,语音              互联网,电话
 电子邮件,直接邮寄          自动取款机,wap(网络电视)
```

ING Direct 的企业体系架构

资料来源: David Robertson, "ING Direct: The IT Challenge (B)," IMD-3-1345 (Lausanne, Switzerland: IMD, 2003). Used with permission.

MetLife 公司的体系架构,如图所示,共享和标准化的技术服务(如图中部),它连接面向客户的众多应用("应用表达层")和大型共享后端应用和数据库("应用的业务逻辑和数据层")。考虑到增加所需的业务流程的灵活性,这种体系架构通过将不同的业务流程整合成一个对每个客户、账户共有的准确认识,进而降低精准性风险。可用性和准入性风险可以在具体的流程和层次上进行管理。

如图所示,ING Direct 集团的结构是高度模块化的,拥有不同的商业服务(如银行核心业务、客户关系、外部服务等等),它们建立在一个共同业务和渠道服务的共享平台上。所有信息各自整合在每个国家内,但各个国家的数据和系统是不同的。该架构通过限制每个国家性的业务能够定制的系统的数量,来降低其进入新国家或在同一个国家内推出新产品的灵活性风险。每个国家内部的可用性、准入性和精准性风险是通过使用标准化软件来降低的。

a. Jeanne W. Ross, Peter Weill, and David C. Robertson, *Enterprise Architecture as Strategy: Creating a Foundation for Business Execution* (Boston: Harvard Business School Press, 2006).

如果没有体系架构，一项业务就不能建立结构优化的基础设施，就很难知道什么基础比现有的更好，风险更小。任何企业都难以计算避免错误决策的价值；这么说，一个精心设计的体系架构的框架和持之以恒的实施，能够帮助企业避免一些错误决策，这些错误决策久而久之会不可避免地形成过于复杂、难以管理和充满风险漏洞的 IT 基础。

精简基础设施触发变革和积聚动力

在本章前面部分和前几章中，我们介绍了许多案例，阐述了基础设施在 IT 风险中的作用和将改进基础修炼作为改善基础的第一步的重要性。IT 部门通常可以在很少或根本不需修改经营业务流程的情况下自行改善基础设施。改善基础设施降低了金字塔底部的两种风险，可用性和准入性风险，同时为降低高层的精准性和灵活性风险的应用系统改进奠定了基础。改善基础设施还在财务改善上带来回报。正如我们在第三章所提到的，改善基础设施可以节省 10% 或更多的 IT 预算，相当于在一个大型企业每年节省数千万美元。

很少有企业负担不起精简基础设施。精简基础设施削减了费用，降低了风险，同时为更艰难的应用系统重建积聚动力。大多数企业可以通过对它们的基础设施的合理化整改显著提高绩效。其合理化整改将趋向有计划、有管理的一套标准化组件构成的基础设施，通过资源共享和移除多余资产降低组件的数量。这通常遵循三个步骤：

1. 集中化：将基础设施的资源合并成数量更少的数据中心，管理更加集中
2. 标准化：使用较少的类型和版本的硬件和软件
3. 合理化：倾向使用较少的硬件和软件，业务单元之间更多的资源共享，降低重复和效率低下（在服务中共享灾难恢复能力即一个常见的例子）[7]

例如,泰克公司就是使用这些方法来理顺整改其基础设施的。应用系统转型开始之前,泰克公司已经把运行来自多个供应商的各种大型机和小型机的七个独立的数据中心,集中成三个数据中心,最终集中成一个。1996年,该公司以Unix小型机作为平台实施标准化,平台提供给主机转型的应用系统,并将与其无关的所有业务外包给第三方。同样地,泰克已经标准化了它的网络,将混杂的通信技术、线路和转换器整合成完全基于互联网协议(或"IP")通讯标准的全球网络。新的网络非常容易管理、监测和扩展,也很容易应对公司在全球约20个网站到100多个网站的扩张。甚至在应用系统转型之前,这些基础设施的合理化整改就已大大减少了基础设施的复杂性、成本和风险。[8]

细致的精简应用系统,完善基础设施的修整

许多CIO告诉我们,维护和运行他们的遗留定制应用系统,与成套系统和其他新技术相比,其费用要高出30%到50%。如此之高的费用和潜在增加的机会成本,长期困扰IT团队,但是,当经营高管将其与变革所引发的高昂的业务费用及IT成本相比较时,常常显得并不很高。

替换重要的遗留应用系统的决策几乎总是依据业务风险和价值,而不是IT成本。替换遗留应用系统的决策总是迫于系统灾难性故障迫在眉睫或者经营模式太严峻以至于无法忍受下去的限制,正如泰克公司的案例。换言之,遗留应用系统更换的临界点是在保持旧的应用系统产生的业务风险明显超过了它支持的业务价值之时。

在最恶劣的情况下,效益/风险触发的临界点未被发现,或旧的应用系统一直在坚持使用,直到系统灾难性的失灵即将或真正出现。这种失灵尽管是危险的,但并不是必然会发生的。实践中,除了少数情况外,几乎所有遗留应用系统的危机都有事先预警。应用系统的风险不断增加和价值不断衰减的情况几乎总是可见的,并且往往先于触发临界点很久之前就显现出来。

基于价值和风险替换遗留应用系统的业务方案

替换遗留应用系统,有3个最基本的业务方案。它们由它们的价值和风险

的组合确定(如图4-2)：

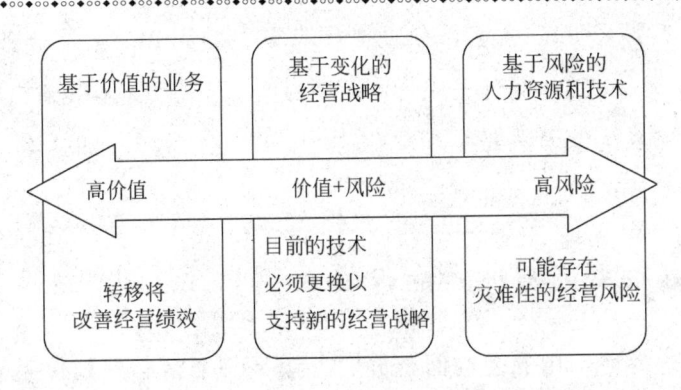

```
┌─────────────┐  ┌─────────────┐  ┌─────────────┐
│  基于价值的  │  │  基于变化的  │  │  基于风险的  │
│    业务     │  │   经营战略   │  │ 人力资源和技术│
└─────────────┘  └─────────────┘  └─────────────┘
   ⇐ 高价值         价值+风险          高风险 ⇒
┌─────────────┐  ┌─────────────┐  ┌─────────────┐
│   转移将    │  │  目前的技术  │  │   可能存在   │
│ 改善经营绩效 │  │  必须更换以  │  │ 灾难性的经营风险│
│            │  │支持新的经营战略│  │            │
└─────────────┘  └─────────────┘  └─────────────┘
```

图4-2 替换遗留应用系统,可采用的基于价值和风险的业务方案

资料来源:Richard Hunter and Dave Aron, "High Value, High Risk: Managing the Legacy Portfolio," Research Report (Stamford, CT: Gartner Executive Programs, September 2006).

1. 基于价值的业务方案目标是提高经营业绩,包括收入和利润;企业生产率提高或成本降低;竞争差别化和改善市场定位;降低经营下跌的风险(例如,通过达到规范要求);或增强经营灵活性。

2. 基于风险的业务方案关注业务流程失败的潜在可能性,这种业务失败完全是由技术故障造成或支持技术无法满足不断变化的业务需求的失败造成。导致不可容忍风险的普遍因素包括技术人员离职或退休,平台或应用系统的供应商支持服务的终止,法规的改变等。

3. 基于风险和价值相结合的业务方案通常适用于经营策略改变的情形。经营策略的改变,不管是由于内部需求还是市场需求,往往需要有支持业务流程和信息系统的新性能。在这种情况下,尽管技术风险可能不会是灾难性的;但是由于遗留系统不能支持新的业务需求,对战略的不利影响仍存在着极大的可能,值得关注。[9]

管理遗留系统组合及其风险的关键,是定期评估和比较其价值和风险。这样一来,企业在触发临界点到来之前能得到充分的预警,以便他们能够在降低其固有风险的同时系统地增加应用系统的价值。

对于一些公司,如泰克或塞拉尼斯(第六章中讨论),遗留基础造成的风险尤其是精准性和灵活性风险如此之高,因而改善精准性和灵活性的益处会尤其明显,以至于他们要采用迅速猛烈的方法更换遗留应用系统。然而,风险在大多数情况下不那么明显,大多数企业必须有更大的耐心。关注业务变化、市场机遇和风险,等待机会,通过完成每个新项目,使企业朝着体系架构的蓝图逐步向前推进。体系构架固然是精简化旅程中的指南针和方向舵,但 CIO 们和他们的团队是飞行员。

阿美赫斯掌握慢但稳的方法

阿美拉达赫斯采用的缓慢而稳健的方法是一个精心规划体系架构与抓住机会积极行动的经典案例。[10] 镶嵌在应用系统中的信息结构庞大而非标准化,难以整合成一体,从而导致较高的精准性和灵活性风险。换句话说,任何人都很难确定一个决策背后的信息是否准确和得到即时更新。另一方面,当管理人员和员工很长一段时间都处于一定的风险中,整体企业对风险认知普遍很低,没有人会支持快速重建应用系统基础。

CIO 理查德·罗斯(Richard Ross)和他的团队,在体系机构蓝图的指引下,坚持按计划,协商劝说,逐步的推动企业沿着正确的道路前进。据罗斯说:"一开始,我们在财务上创建一个切合实际的业务用户,接着我们开始实施体系架构,每次为一个应用程序建立一个数据中心层。"[11] 他进一步解释:"当系统有要求时,我们告诉项目小组,多付出一点可以得到更多的回报"——一个系统的标准化的数据结构和经确定的精确性为业务决策提供了及时和准确的依据。

罗斯和他的团队很快就发现,精简化过程中所遭遇技术复杂性的障碍远少于业务部门之间在理解业务术语上的根本性分歧。例如,一个业务部门解释"销售量"是指预测;另一个认为它指的是交付给买主的产品数量。"我们把相关方聚集在一起,让他们能够协调他们的定义",罗斯说,"他们中的许多人一直在使用他们自己的电子表格预测。我们让他们认同一个数据源和一个含义(每个业务术语)。这让我们对数据有共同的定义。一旦我们到达了临界状态,这种价值就显现出来。"

这是典型的风险形态,它属于位于 IT 风险金字塔较高层的风险,这些变化对组织也会产生超出技术领域的影响。罗斯这样解释发生在阿美拉达赫斯的事：我们与管理层团队一起讨论他们对屏幕上的数据将会采取怎样的行动，例如在一组数据以红色突出，显示危急情况时他们可能的做法。我们制定出了一套操作准则，使每个人都将清楚地了解高管会向谁要求答案，以及这些高管层团队会采取何种行动。这些业务原则为组织中较底层的人员提供帮助，他们因为不知管理层会如何使用这些数据而总是害怕向管理层提供数据。

阿美拉达赫斯以循序渐进的方式在精简化的道路上走了很久。它也使公司跳过了最后几个步骤。2002年，新一届的事业部总裁按精简化的、持续的、划分区域数量来设立业务管理的优先顺序。这位新总裁原服务的公司就支付了1亿美元来获得这种整合的报告，在本案例，如果有必要，他也愿意支付相同的价格。然而由于阿美赫斯的新搭建的体系架构已经应用于多个应用程序，并被证实可行，得到已受益于逐渐转变的业务高管和经理人员的大力支持，IT组自信地提出以1,000万美元的成本进行为期一年的现有数据库转换的计划。逐个建立的应用系统的基础工作迅速取得成果，它大大降低整个事业部精确性和灵活性的风险，这是十年决策的巨大成功。

风险和价值临界点可以提前几年预测

就应用程序而言，随着时间的推移，业务价值和业务风险也在演变，其演变在很大程度上是可预见的。这些演变既受外部因素影响，如不断变化的企业环境，又受内部因素影响，如资源的可用性或改变的经营策略。其中许多因素的未来都具有很好的预见性，企业往往可以提前几年合理准确地预测和比较风险和价值。这种估计可以用来确定是否以及何时应该考虑替换企业现有的系统。

预测业务价值的趋势。价值存在于业务流程中，而不是支持它的应用系统中。[12]因此，预测业务价值的未来趋势是通过一个流程一个流程的实施，不断探讨流程在企业经营方案中所担当的作用，以及随着时间的推移其重要性如何增加或减少来进行的。例如：这个流程是一个高利润的业务部门的组成部分，还是企业成本的动因？这一流程（和所支持的业务部门）随着时间的推移变得越来越重要还是重要性变小？哪些事件会引起这些变化？什么时候会发生？

不同类型的价值——增长、盈利能力、成本降低、符合规范、达标、竞争力的差异化等——对于不同流程和基于不同的原因,其重要程度不同,并且它们不是所有都是容易量化的。但分析师和管理人员仍然可以使用标准的清单或问卷评估现有组合的相对价值,然后适当的权衡不同类型的价值从而得出总价值的估值或指数。

预计商业价值未来几年的数额,为流程以及流程之间进行年复一年的比较,提供了一个系统的方法。

预测应用系统的风险趋势。价值存在于业务流程中,而IT风险存在于遗留应用系统中。正如公司可以对几年之后的价值进行合理的精确预测,他们同样可以对风险进行类似的预测。重点关注支持高价值业务流程的应用系统是最有用的;当应用系统支持的流程价值较低时,应用系统替换的决策并不困难。如果作为业务连续性管理的一部分的业务影响分析(正如第三章描述的)已经完成,那么相对流程的应用系统描绘蓝图就已经可用了。如果没有完成,就必须创建一个。

通过对应用程序现在和将来所支持的业务流程的可用性、准入性、精准性和灵活性产生的影响提出问题,进行风险评估。问题包括:

- 该系统限制了业务有效运作吗?如何限制?
- 该系统是否一直符合当前和计划的体系架构标准?它是否可以在必要时进行修改,以满足不断变化的业务需求(例如,按需扩大规模容量)?
- 系统运行是否有足够的可靠性?潜在的技术故障和可能的商业后果是什么?
- 控制是否足以满足法律和内部政策规定?
- 系统的资源消耗,包括人力资源,是可以接受的吗?
- 在内部或外部是否有充分的人力资源来保障其可行?
- 该系统是否有据可查?
- 目前的软件和硬件是否有供应商的支持?
- 对所提问题的回答在可预见的未来将如何变化?
- 什么事件将推动这些变化?这些事件什么时候发生?

根据企业对于每个问题的容忍程度,通过使用设计的评分规则和权衡不同类型的风险，企业可以逐个应用程序、年复一年地系统地对整体风险的估计进行比较。

虽然在风险评估中，IT经理们倾向于强调应用程序的技术特性，但只有当它糟糕到威胁业务流程的有效性时，技术特性才是一个决定性的因素。一般情况下，极大地限制或威胁业务的风险，如无法支持新业务开始（灵活性），存在潜在的灾难性系统故障（可用性），或可能的管制性制裁（精准性或准入性），必须慎重衡量。例如，当预测表明在可预见的未来业务增长很可能需要更高的容量，而不是增长缓慢或停滞时，系统无法扩展到更高的容量水平是一项严重的可用性风险。

预测相对于价值的风险。评估过程的最后一个步骤是以时间为横轴描绘价值和风险的变化趋势（见图4-3）。没有必要对价值和风险的刻度进行精确地匹配，比较风险和价值线的形状就足够了。当风险相对于价值急剧上升时，是时候考虑更换系统了。这种转变可能起因于风险的增加，也可能由某些事件引起（如一个重要的法规监管变化或市场需求的扩大将导致超过系统的容量需求），或来自于业务流程价值的减少（如撤资之后可能发生的，导致产品线衰退的决策，或竞争对手能力的增加）。图表上以时间为序的风险和价值变化趋势让企业知道什么时候计划和着手替换系统，以便把风险降低到可接受的水平。

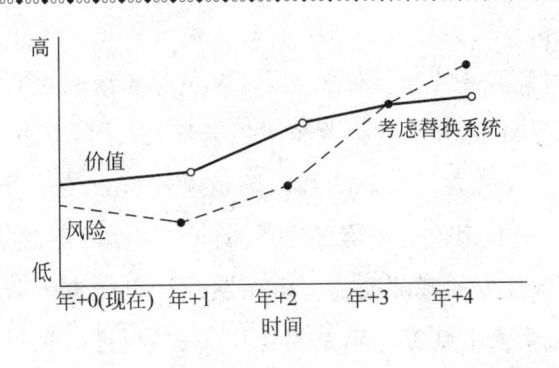

图 4-3 应用系统风险和价值的时间线

资料来源：Richard Hunter and Dave Aron, "High Value, High Risk: Managing the Legacy Portfolio," Research Report (Stamford, CT: Gartner Executive Programs, September 2006).

在澳大利亚的纸张制造商阿姆科公司（Amcor），被分配去维护控制造纸厂运行的关键应用系统的50％的IT人员于2006年1月全部退休。据阿姆科公司的CIO罗布·派恩（Rob Pyne）说，"你最好相信这可不是一个寻常的事件。"[13]由于该事件事先被很好的预测，通过在剩余人员中专门培养专家，派恩已经能够缓解团队人员离开的影响。但是，该事件清楚的表明，技术老化的风险价值比率已经发生了变化——类似第三方报告系统的附加类软件已经延长了技术的生命。到了某一时点，在系统上工作的所有工作人员将不复存在。业务流程的价值仍然很高，但可用性和灵活性风险水平也迅速上升。派恩已经准备提议更换现有技术。

每年重新评估风险和价值，可以帮助企业避免应用系统灾难性故障风险的突然袭击，使企业可以在适合业务的时间为应用系统的替换制订适当的业务方案。随着时间的推移，与快速猛烈的系统替换相比，应用系统基础的增量式、适时式的改进减少了对组织的损伤（尽管速度要慢得多）。

制订再投资计划和更新预算

无论你是选择一个快速而激烈的方法，还是缓慢但稳健的办法，重要的是要确保付出的巨大努力和代价能使从基础中消除的风险不再复返。对遗留更新进行系统地再投资是实现这一目标的一个重要手段。系统更新的一个典型的办法是，按计划替换硬件和软件资产，以避免业务依赖过时的技术。由于技术的性价比迅速提高，这样的替换改善了经营绩效，并不会增加成本。

在加拿大的一个公共机构外交和国际贸易部（FAIT），CIO皮埃尔·萨布林（Pierre Sabourin）利用价值相当于20％的IT预算的更新基金，鼓励经营单位不断简化和升级他们的基础设施和应用系统。[14]几个基本规则指导FAIT周期性的升级工作：个人电脑每4年更新换代一次，而打印机每6年一次。当厂商们正在考虑放弃支持该产品，或当该产品不再适应该机构体系架构时，软件就应该报废了。

一旦应用程序使用了5年，萨布林和他的工作人员就开始考虑更换或升级。但是，制定改变应用程序的方案并不简单。据萨布林说，应用程序不同于像电脑一样的商品。应用程序的企业业主没有生命周期的意识。他们只看到建立时的预付成本,而不是运行中的维护成本。并且靠损益驱动的企业管理人员缺乏保持平台升级的长期积极性。

萨布林的解决方案是 CIO 基金——周期循环替换系统预算的组成部分,经过高级管理人员的批准,分配给具体应用系统的精简、更新使用。"正是蜂蜜吸引了蜜蜂——要关注落在后面的人。我可以使用 CIO 基金帮助业务部门的拥有人舍弃旧平台。虽然这对我们来说是一个新的想法,但我们的业务部门已经喜欢上它了。"

任何企业都不能忽视基础修炼。对于少数从绿色领域起家的幸运企业,或那些达到经营策略转折点的企业来说,他们需要一个新的、大幅度改善的技术平台,打造一个经过精简化、标准化、管理完善的基础设施和应用系统的 IT 基础可以充当风险管理的核心修炼。

在大多数企业中,由于缺乏一个明确体系架构的指导,多年的局部优化技术部署形成了一种不良环境,该环境的复杂性以及其与业务流程的紧密联系使得彻底的精简化工作异常困难、耗费巨大。在这样的环境中,尽管基础修炼意义重大,但是极尽最大限度也不可能实际推行它。相反,这些企业需要通过查明并堵塞堤坝漏洞,停止草率的执行,增加基本的 IT 控制,并实施业务连续性管理,尽快地把基础提升到能发挥正常作用的水平。然后,随着时间的推移,他们就可以开始推动精简化的车轮,去改善基础设施和应用程序。

在这种复杂的、笨拙的遗留环境中,IT 风险管理的核心修炼很可能是风险治理流程或风险意识文化。因为在大型、复杂的公司中,流程经常是风险管理关注的焦点,而在较小的资源约束型公司它又往往缺乏重视,因此在下一章我们会介绍风险治理流程的修炼。

第五章

开发风险治理流程

在风险控制过程中最根本的问题是,企业中最有能力把风险管理排在首要位置的人同时也是最不可能发现并解决风险的人。高管能够非常有效的在风险、分配资金和职责之间做经营上的权衡取舍,以应对各类风险;然而,因为他们不了解各个部门的细节情况——而这是识别那些风险所必需的,他们也没有时间或能力处理风险。在组织层级很低的人经常掌握详细的运行情况和技能;然而,这些人常常对企业全局只有有限的认识,因此,他们不能针对整个企业做有效的权衡取舍。

对于理解企业风险与东印度民间传说的盲人摸象颇有相似之处。传说中,第一个盲人抓住大象的鼻子说:"大象就像蛇一样。"第二个盲人碰到了大象的脚说:"大象就像树一样。"第三个盲人握住大象的尾巴然后说:"大象就像绳子一样。"第四个盲人摸到大象的身体说:"不,不,大象就像一面墙。"尽管大部分盲人都说对了一部分,但所有的盲人都错了。除非他们想出办法分享他们的发现,否则没有一个人会知道大象究竟是什么样子的。如果在搞明白之前,要他们去对付一头横冲直闯、暴怒的大象,那就会成问题了。

正如这四个盲人一样,企业需要将对 IT 风险(大象)断壁残垣式的认识联系到一起,从而得到 IT 风险准确的、全面的、共享的、具有行动导向性的全貌。除了整合风险的信息,企业还必须有方法来解决两个势必出现的分歧:对每个风险发生的可能性的分歧、对风险损害的意见分歧(参见《父母对风险管理的认识》)。

要获得风险全面的、连续的情况,并保持得到及时更新,进而在此基础上采取适当的措施,这对于大部分企业来说是非常困难的,但并不是不可能的。问题的答案就在于IT风险管理的第二项修炼,也就是在本章我们要讨论的风险治理流程。在有效的IT风险治理流程中,任何等级的主管人员都能获得他们需要的信息,使他们能做出并执行明智的、有把握的经营决策,来决定什么样的风险应该消减、什么样的风险应该避免,什么样的风险应该(借助保险、外包等方式)转移以及什么样的风险应该承担。如果没有风险治理流程,企业不能了解它们面临的风险的程度以及根源,这会使它们在不尽人意的惊喜面前变得不堪一击。

父母对风险管理的认识

想象下这样的情形,乔治(George)四岁大的女儿克莱尔(Clare)在附近操场的攀岩游戏架上,她爬上游戏架离开地面三英尺高,此时她叫:"爸爸,你看看我!"当然乔治会说:"再爬高点!"他考虑的是克莱尔灵活性方面的风险,他希望克莱尔长大后能成为自信、有能力的女孩。但是,乔治的妻子玛丽莲(Marilyn)却说:"你已经爬得很高了,下来一点吧!"玛丽莲担心的是另一种风险,即可用性。如果克莱尔摔下来,她可能都活不到需要身体灵活性的时候。

经过激烈的讨论后,乔治与玛丽莲各自妥协了对风险优先级别的分歧。克莱尔可以爬到比玛丽莲原本允许高度更高的地方,但是一旦克莱尔掉下来,乔治要能在这里接住她。

在这种情形下,父母双方都只是为了他们女儿的利益着想,决定风险的优先性就已经很难了。想象一下,在一个充满不同目标和各种各样潜在动机的企业,要决定风险的优先级别要有多难!

正如乔治与玛丽莲所做的,企业需要一个方法能在主要风险中进行权衡取舍。我们发现风险治理流程是让带有不同意见的人们获得IT风险全貌,在如何处理风险上达成共识的最好方法。

PFPC 对 IT 风险治理流程的需求

当 2001 年迈克尔·哈特（Michael Harte）成为 PFPC 第一位首席信息官时，这个 80 亿美元身家的金融服务提供商掌管着 170 亿美元资产，其公司的信息技术是破碎不堪的——这是公司里十个都拥有自己的 IT 组织的不同业务部门在十年中快速发展和不断兼并的结果。[1] 哈特负责统一、转变公司破碎的 IT 资产，从而减少成本、提高公司的信息透明度并增加灵活性。但是从短期来看，哈特知道存在相当多的 IT 风险，而且公司并没有处理这些风险的流程。

IT 风险对于 PFPC 是个严重的问题。公司业务包含大量银行的转账业务，其及时性与精准性对于客户至关重要。另外，公司经常要由华尔街监管机构、银行监管机构以及客户的审计员审计。此前由母公司 PNC 公司做的财务声明保证，PNC 及其分支机构将来会在监管机构与相关客户的严密审查下运行一段时间。

哈特很快意识到他的公司的最大的 IT 风险是他和他的同事并不知道企业有什么样的 IT 风险，他们需要一个包含公司所有 IT 风险的全面概览图，同时他们必须寻找一个途径来解决分歧：哈特的下属和他的同僚之间关于什么才是最重要风险有不同的意见。因此，哈特选择风险管理作为他的 IT 改造计划的两大支柱之一，同时把风险治理流程作为这个计划的核心修炼。这一章中我们将会描述 PFPC 和其他公司如何实施它们的风险治理流程。

一种有效的、多层次的风险治理流程

管理者所面临的挑战是设计并实施风险治理流程，这个流程应该把现场的风险专家和中央监管、决策制定联系起来。在任何一个中等规模以上的组织，没有人能只依靠自己来建立一个企业级的 IT 风险全貌图，并依据自己的判断采取必要的行动。正因为如此，有效的风险治理流程与管理框架应该是多层次的。在不同层级的人能获得完成分内工作所必需的信息，从而避免企业陷入复杂化与官僚化的境地。

精心设计的IT风险治理能让现场专家识别,并处理风险,同时能使得高管看到企业层面的风险并把资源分配到最需要的地方。这种多层次的过程有以下几点优势:

- 公司不同级别的人才在其最能发挥才能的地方工作。让高级管理者制定、执行关于技术标准方面执行层面的决定,与让技术人员制定企业政策是一样没有道理的。执行层面的决定与公司政策都是必需的,但是任何单独一个都是不够的。
- 管理人员在了解了自己在公司里所处等级的所有风险的基础上制定决策。一个小的业务部门重要的风险,对于整个企业来说可能是小风险。让不同的层级做出自己的风险决定,解决尽量多的风险,而并不是让一个层级来做所有的决定。
- 它提供了一条预备的上报分歧的路径。风险出现后,如果不能在使每个人都满意的情况下解决风险,一个多层级的风险管理结构就能提供一条清晰的路径,把风险报告给上一级。
- 强化了各级员工对政策以及标准的意识。这种层级结构鼓励公司各层员工参与风险治理,参与自然会带来关注(我们将在下一章节中详细的讨论风险意识)。

IT风险治理流程中的角色

公司IT风险管理的组织结构包括五个职能部分:高管发起人、风险政策委员会、执行委员会、IT风险管理小组以及现场主管与专家。每个角色都有各不相同、非常重要的责任(见图5-1)。第六角色是IT风险官,他负责把信息、决策权以及前述五个角色的专业知识联系起来,他对IT风险管理的结果负责。下面我们依次来了解这六个角色:

高管发起人:高管发起人提供自上而下的视野和为IT风险管理政策提供支持。更重要的是发起人确定企业风险管理的基调,保证企业风险意识的氛围(见第六章),并且保证各有关部门在风险治理流程中履行自己的职责。发起人经常以其他方式参与风险管理,例如以风险政策委员会的角色。而且当异常情

况发生时,他经常是最终决策者。发起人经常是公司的首席运营官、首席财务官、

```
组织结构ᵃ              功能                    结果

高管发起人    →    视频,语音         →    风险意识文化
                  批准,例外

风险政策委员会 →   排序风险,制定政策  →    政策,策略
                  批准资金                顺序,投资

执行委员会    →    标准              →    业务标准    技术标准
                  监督
                  例外

IT风险管理小组 →   开展检查          →    流程、监视
                  管理流程                例外处理

现场主管与专家 →   识别/评估/管理    →    消减风险,
                  风险                    政策和流程的反馈
```

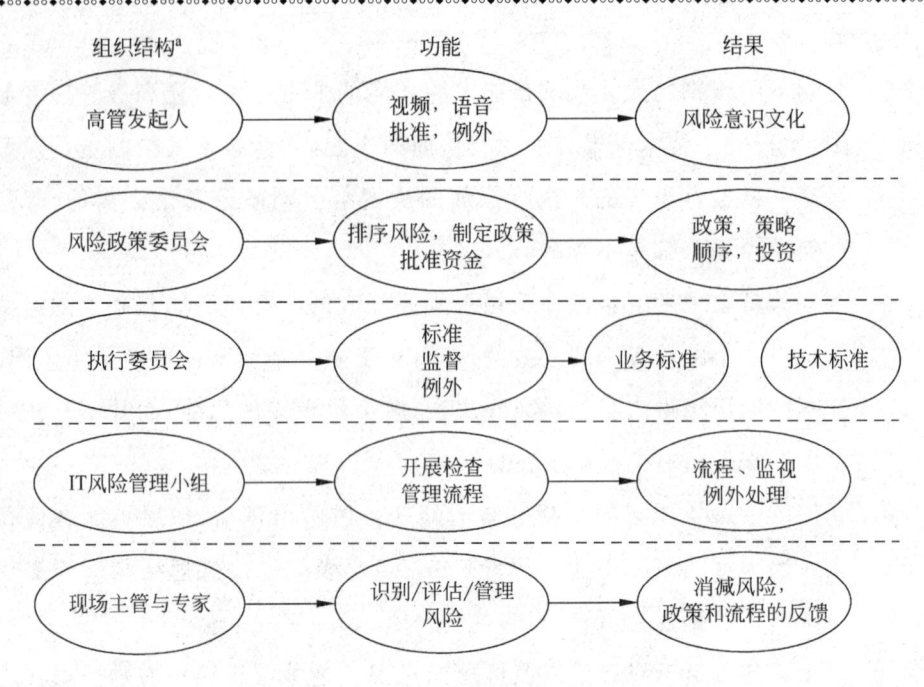

图 5-1 IT风险治理流程中的典型组织结构

a. The IT risk officer is a key liaison among all these structures.

首席信息官(在规模大的公司)或者是首席执行官(在规模小的公司)。

风险政策委员会:风险政策委员会包括企业高管(包括企业首席信息官)、IT风险官,很多时候也会有公司咨询顾问以及人力资源主管的参与。这个委员会负责制定并修改政策、决定特定风险在企业中的轻重级别、批准项目资金、批准削减风险行动方案、检查不能在企业低层解决的异常问题。

执行委员会:执行委员会是处于第二位的委员会,它经常由业务部门层面的经理(包括IT经理)组成,它直接向行政高管报告,直接向IT风险官报告,IT风险官是委员会间的主要联络人。它的任务就是借助业务及技术标准、程序来执行风险管理政策。委员会成员要保证现场运营经理与专家执行连续、定期的风险审查,并确定风险的轻重级别。

IT风险管理小组:执行风险管理过程中细节性的工作就落在IT风险管理

(ITRM)小组上。这个 ITRM 小组向 IT 风险官报告,可以在需要时寻求分析员和专家的帮助。在小型或中型的公司,IT 风险管理小组由公司内部人员临时组成。在大的公司里,这个小组经常是一个专职的小组。即使在非常大的公司里,IT 风险管理小组的人员也极少会超过十二个。至今我们也没有发现哪个公司有超过三十个全职人员的 IT 风险管理小组。IT 风险管理小组创建工具和模板,把它们应用到公司每个级别的风险管理过程中;帮助现场主管和专家识别、评估风险;评价要执行的项目及其操作程序;依照风险管理的政策与标准来安装应用程序。当不能避免风险或不能立即解决风险的情况下,小组成员要鉴别什么时候需要介入,并在此时启动正式评估异常情况的流程。同样他们要进行详细地分析,做出报告,供上一级职能角色掌握 IT 风险管理项目的进程。

现场主管与专家:现场主管与专家负责的工作,是在他们的业务部门或职能范围内发现、评价和管理具体的风险。在他们的业务部门运营和未来战略上,他们是专家。所以区分哪些风险需要解决,他们是最佳的人选。他们发现在自己部门的风险,并按照风险政策委员会与风险管理小组制定的政策确定这些风险的轻重缓急程度。他们自己处理不重要的风险,把重要的风险向执行委员会报告。比较典型的情况是现场主管依靠 IT 风险管理小组或其他专家的帮助解决他们自己部门的大部分风险。

IT 风险官:对 IT 风险管理(不包括管理个别特定风险)流程负最终责任的人就是 IT 风险官。在大型、复杂的业务中,IT 风险官的职位是全职的,在小公司,可能是兼职的。很多情况下,IT 风险官直接向公司首席信息官或公司风险负责人报告,并且以点对线的方法向其他人报告。[2] IT 风险官要保证,风险治理流程要有来自不同经营部门专家的参与,保证从不同的角度来评价风险,保证提供风险演变的历程,能让公司追踪风险过程与发展趋势。

我们查看了许多风险管理讨论会的记录并了解 IT 风险官的职责。他们包括:

- 管理 IT 风险检查评估团队
- 与首席信息官协商、制定并执行 IT 运行检查评估计划
- 与业务部门负责人一起设计解决发现的 IT 风险的流程

- 负责管理一些专门的调查，完成审计和其他必要的项目
- 协调公司经营层团队和业务部门层团队的IT风险管理工作
- 按照规定向公司首席信息官或公司风险管理官报告
- 判断风险的轻重级别、负责记录工作、分配任务并管理时间进度
- 与委员会和业务部门负责人建立良好工作关系

从同样的材料研究该职位所需的技术和经验，该职位描述应该包括：

- 理解风险的能力与实际操作能力
- 善于分析与战略性思维方式
- 理解复杂的法律、法规条款的能力
- 专业的、谨慎的个人作风
- 与业务部门负责人清晰的交流复杂问题的能力
- 善于劝导的领导能力

IT风险管理角色的实践

在这个治理结构中的每一个角色都可能由一个人、一个委员会或者由一个责任人领导下平行工作的数人担任。IT风险官属于例外，这个角色就是由一个人担任。在规模小、业务不复杂的公司里，高级别或者低级别的角色都可能分散为数个委员会，但是当涉及合并政策与执行委员会的时候就要多加小心了，因为要出色地做好这两个角色所需的资讯是完全不同的，没有几个人能同时把这两方面工作都做好。

在一些公司，风险管理就是一个信息协调的简单框架。在一个大型化工生产厂，首席风险官（CRO）和他的小组制定管理企业风险的政策与程序。公司总裁发出的命令，总裁充当了高管发起人。IT是整个流程中涉及的25个职能或业务部门中的一个。业务部门的中级经理和员工担任现场主管与专家的职责，他们在风险管理小组提供的风险政策和模板指导下识别与评估风险。每个现场主管或专家向业务部门经理报告，部门经理负责管理部门最重要的20个或更多运营风险，并向首席风险官报告最重要的五个风险。首席风险官和他的风险管理小组从他们接到的风险清单中排列出最重要的20个，并上报给作为公

司风险委员会的董事会(见图 5-2)。

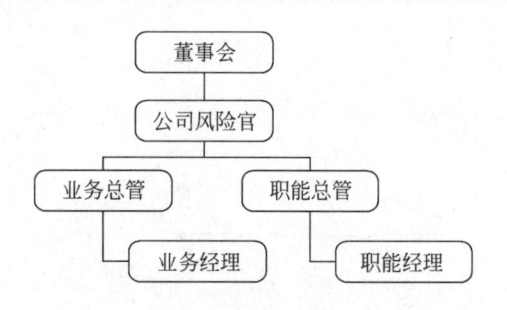

```
        董事会
          |
       公司风险官
       /      \
    业务总管   职能总管
      |          |
    业务经理   职能经理
```

图 5-2　化工生产厂的风险管理分工结构

资料来源：© 2007 MIT Sloan Center for Information Systems Research. Used with permission.

PFPC 用了更加复杂的结构来管理 IT 风险。首席信息官哈特担任发起人的角色，他指定了一位责任人，科瓦夫·奥福里—博阿腾作为 IT 风险官。[3] 首先他全职专注于开发、完善风险治理流程和风险管理政策。随后，在风险控制流程建立后，他又担任了风险管理之外的另一项任务。他在一个松散的、兼职风险管理小组里工作，小组包括 IT、非 IT 员工以及公司风险经理。执行委员会，在 PFPC 中叫做技术风险管理委员会(TRMC)，由直接向哈特报告的七个下属组成。在公司十个业务部门，他们每个人都掌管着一个 IT 管理的重要领域(例如运营、程序开发、安全)。技术管理委员会监视 IT 风险的发展，从整个企业来判别风险的轻重缓急。公司的 IT 经理们和员工就是现场主管和专家，他们识别并解决本部门的 IT 风险。在 PFPC，政策委员会的职责被 IT 风险管理小组和技术风险管理委员会分担了。

图 5-3 展示了 PFPC 的 IT 风险管理如何嵌入到 PFPC 公司的风险管理大保护伞与母公司——PNC 金融公司中。PFPC 的 IT 风险治理流程融入到公司的经营风险管理流程中，而业务风险流程由业务风险经理管理，他在首席执行官领导下组织公司风险管理委员会。PFPC 的技术风险治理与 PNC 金融公司的技术风险治理流程紧密配合，这样能统一分支机构对风险的认识的一致性。

把 IT 风险纳入到公司风险治理流程，是一个保证 IT 风险获得与其他业务

风险同等关注的有效办法。当从对经营影响的角度判别和评估 IT 风险时，把

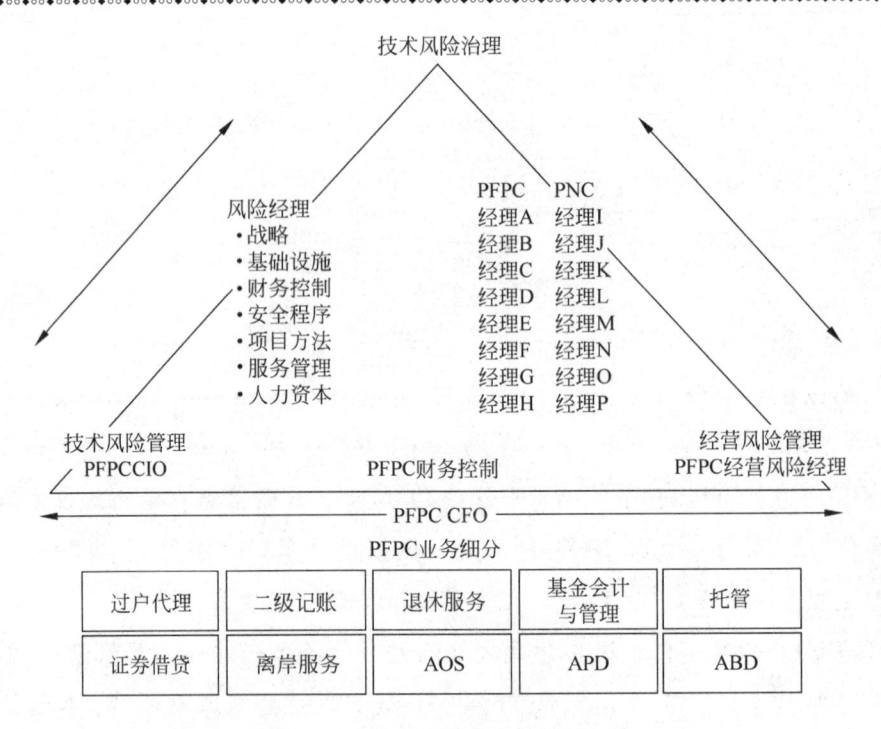

```
                        技术风险治理

        风险经理                PFPC    PNC
        ·战略                   经理A    经理I
        ·基础设施                经理B    经理J
        ·财务控制                经理C    经理K
        ·安全程序                经理D    经理L
        ·项目方法                经理E    经理M
        ·服务管理                经理F    经理N
        ·人力资本                经理G    经理O
                               经理H    经理P

技术风险管理                                      经营风险管理
PFPCCIO         PFPC财务控制                      PFPC经营风险经理
                  PFPC CFO
                PFPC业务细分
```

过户代理	二级记账	退休服务	基金会计与管理	托管
证券借贷	离岸服务	AOS	APD	ABD

图 5-3　PFPC 公司技术风险管理三角

资料来源：George Westerman and Robert Walpole, "PFPC: Building and IT Risk Management Competency," working paper 352, Center for Information Systems Research, MIT Sloan School of Management, Cambridge, MA. Used with permission.

注释：Managers' names removed to protect confidentiality.

它与公司其他风险相比较就很容易了，合并评判风险，将 IT 风险与其他风险一道评判轻重缓急。在大型企业中，可能在公司五六十个最重要风险中，IT 风险会占到五到十个。[4]

IT 风险治理流程的步骤

整个风险治理流程由 IT 风险官来管理，现场主管和专家在高管发起人、委

员会的监督指导下识别和解决风险。我们强调的是首席风险官管理的是风险治理流程,而不是风险本身。就是说风险官是一个过程导向的主管,而不是一个在特定风险方面有具有丰富经验的技术主管。

图 5-4 展示一个典型的 IT 风险治理流程的步骤。风险治理流程是一个有定期检查点的动态循环,而不是件一劳永逸的事情。风险随着时间的推移,会随公司及其环境的变化而变化,相应的风险轻重缓急级别和风险政策也会变化。我们接下来会讨论这个流程中的每个组成部分。

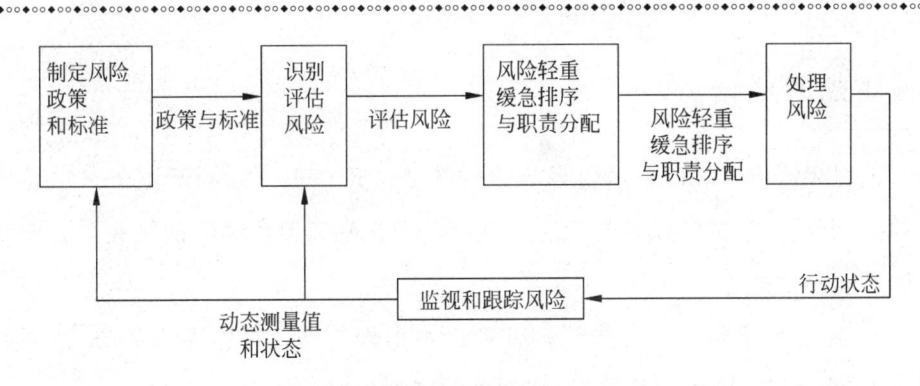

图 5-4 IT 风险治理流程的步骤

资料来源: © 2005, Gartner, Inc. Adapted from *Best Practices Council for IT Security Executives Report on IT Security Governance*, December 2005.

确定风险政策与标准

政策定义什么是(不是)允许的,或必需的、什么是被禁止的,以及用什么样的行动或行为来保证必需的事情已经完成,以及不允许的事情被禁止。标准定义了如何来实行政策。政策比标准定义更广,因为它在某种程度上来说是原则的阐述。(例如,按照国家最严格的要求,个人信息的安全和隐私应受保护。我们所做的业务和诸如客户、订单或贸易伙伴的信息会被记录,并且在所有的业务流程也只能以同样的方式使用。)标准相对比较具体,因为它是用来指导如何执行流程、程序、软件及硬件的设置等。(例如,"所有台式计算机安装的 Windows XP Service Pack 2 不带有下列功能",和"我们只给计算机和笔记本装配下列配置")。

规定政策与标准会参考到现存的知识体系[例如模范式标准、总体或特定行业的规范,比如金融行业的金融现代化法案(Gramm-Leach-Bliley)、卫生保健方面的健康保险流通与责任法案(HIPAA)],企业内部的技术标准等。模范式标准,例如信息安全的行业标准 ISO 17799,倾向是尽可能综合性而且详细,涵盖每一个可能的意外情况。如果企业急迫需要建立标准或者没有耐心关注细节,最好可以针对企业最薄弱环节,选择实施一些行业标准的某些部分及其组合,正如我们在第三章谈论过的。

识别与评估风险

识别和评估风险是有效管理风险的核心。正如 PFPC 的迈克尔·哈特所说的,一个没被察觉的风险是无法被管理的。识别和评估风险的流程是企业各层级共同完成的:

- 现场主管与专家首先识别并评价在他们管辖范围内存在的风险,以及虽然不在他管辖范围内,但对他们产生影响的风险。
- 现场主管与专家分组集中一起比较、评价他们分别发现和评价的风险,提出一个在他们层级对风险统一的看法。
- 在大型的、业务复杂的企业,风险会在公司管理高层再次被比较与评估。

在风险厌恶的文化氛围(在第六章讨论)中,经理和专家可能会感到发现风险要比畅言风险容易。IT 风险经理的一个职责就是让员工自由的讨论风险,自由的讨论并不是频繁的讨论。讨论风险是有效的风险管理的一个成功因素,我们的数据显示风险管理有效的企业平均每年举行四次识别与评价风险的讨论,这个数字几乎是风险管理无效企业的三倍。大多数风险意识强的企业都发现,关键岗位的主管们每个季度要用半天到一天的时间处理 IT 风险的识别与评价问题。

一般而言,评估风险就是确定风险对企业损害的潜在性。因此而来的问题就是可能性(这种事件发生的可能性有多大?)和影响(如果发生了,会产生什么样的损害)。当涉及到IT风险时,如果缺少经验丰富的IT人员,就不能全面地评估风险发生的可能性;经验丰富的经营人员方能确定风险产生的损害。因此,一个评估过程如果没有IT人员和经营人员的共同参与,从一开始就必定是有缺陷的。

毫无疑问,即使是同一个风险由于公司情形、企业短处、环境因素的不同,在不同的经营活动中,风险发生的可能性和损害也是不同的。在大多数地区,对于地震、火灾、洪水、飓风等环境风险,公司认为其损害大但是发生可能性小。上市公司需要按照萨班斯-奥克斯利法案审核公司的财务,因而他们认为在财务处理过程中精准性风险的影响尤为严重,与之相应,风险发生的可能性会因支持系统、程序的质量及使用年限变化而变化。

一些企业,通过加入与特定环境有关的因素,扩展了对风险可能性与损害的评估。英国最大的儿童福利机构巴纳多在IT风险评估中加入了(主管们关注的)第三个因素,如表5-1所示,这就是从巴纳多的IT风险记录中发现的。[5] 这个因素用作为"直觉审查",让经理主管在风险评估过程用直觉判断和感性对待风险(巴纳多公司认为,对于有些事,忽视它是非常危险的)。

某项特定风险事件发生的可能性是最难以具体数据来估计的。由于IT风险的新颖性和复杂性,IT风险主管没有类似保险公司用于定价其他类型风险那样的详细准确信息。然而,其实并不需要那么准确的数据。尽管一个公司会有成百上千已备案的IT风险,但是无须达到保险精算师那般精确,风险主管只需要用模型或其他一些工具就能获得最主要的一些数据,做出大致符合的评估。

总体来说,简洁、明了的对风险发生可能性和影响进行考量,就足够让企业把注意力集中在最重要的风险上了。能将风险发生的可能性和影响以分类进行评估,例如按高、中、低分类,就已经是很好了。这种方法使得风险评估相对简单,能使最重要的风险很快就浮出水面。一致性是关键,因为简单的让员工为风险的可能性和损害贴上高、中、低的标签是不够的,因为人与人对风险含义与重要程度的认识是不同的(回想在操场上乔治和玛丽莲对风险轻重优先次序的分歧)。最起码企业要提供指导,告诉如何对风险可能性和损害分类,即使这个分类明显是凭直觉获得的。

IT风险

表 5-1 巴纳多公司 2004 年风险记录摘录

风险名称	控制	缺陷	行动点	可能性	影响	关注点	风险因素
• 数据丢失与IT系统故障 • 严重数据泄露 • 系统黑客 • 非授权进入	• 审计跟踪的变化 • 加强IT系统对外部的防御 • 密码/准入控制 • 密码系统政策	• 缺少DPA知识	• 进行DPA培训 • 增强内部控制(准备培训方案)	2	5	4	40

资料来源：Richard Hunter, George Westerman, and Dave Aron, "IT Risk Management: A Little Bit More Is a Whole Lot Better," Research Report (Stamford, CT: Gartner Executive Programs, February 2005).

接下来两幅图为我们展示了我们研究的两家公司的风险评估机制：一个简单的和一个较复杂的。在图 5-5 中，化学生产商（前文提到）规定，低影响意味着它对不超过 5% 的运营资金有影响（无论在公司的哪一层级）；高影响意味着对超过 10% 的运营资金有影响；中影响则是落在二者之间。公司对风险可能性的评估则是，高可能性指事件在一年内发生的可能性为 50%；低可能性为五年内不太可能发生；中可能性落在二者之间。（注明：只是为了说明的需要，我们列出了一个大型高科技企业 2002 年的一系列准入性风险。实际上，整个风险列表会列出所有 4A 中的风险。）

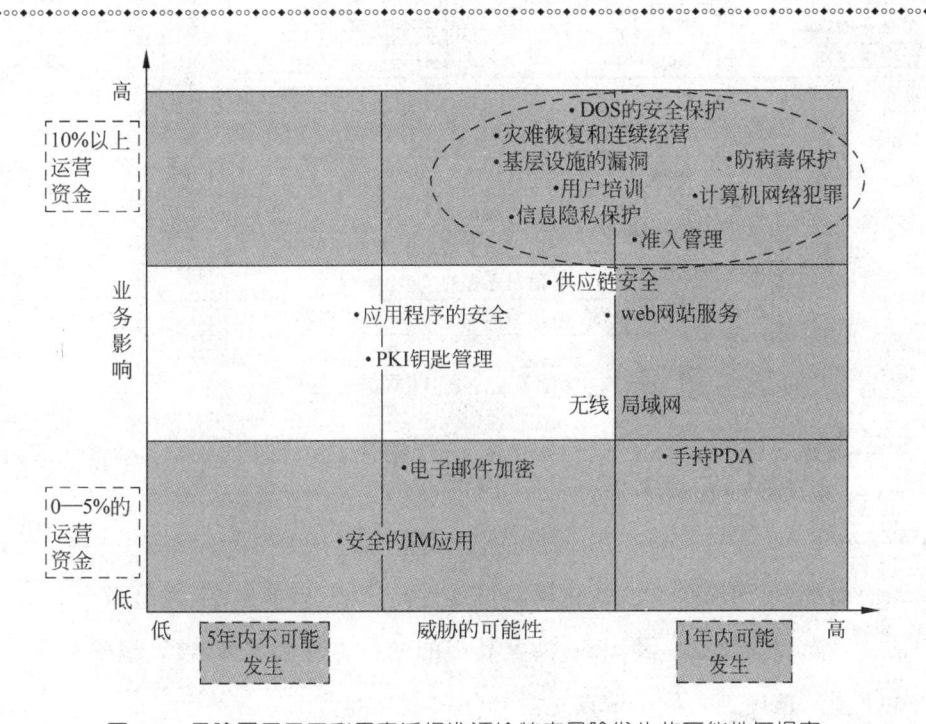

图 5-5　风险图展示了利用宽泛标准评价特定风险发生的可能性与损害

注释：Risks shown are a limited subset from an information security unit. Actual risk maps would have a full set of risks on all four A's.

资料来源：© 2007 MIT Sloan Center for Information Systems Research. Used with permission.

如果需要更加严谨的方法，公司可以用核对表和诊断方法使风险治理流程标准化。图 5-6 展示了 TD Banknorth 公司的风险评级方案。这个风险评级方案相对复杂，但是它界定得很清晰易懂，足以快速应用。尽管这个方案不能对风险可能性和影响做出精确评估，但是，TD Banknorth 区的风险经理汤姆·普林斯(Tom Prince)认为这个方案可以精确的鉴别每个风险的可能性与影响的相对水平。[6]

风险影响类别	等级	权重	加权后的影响分值
服务区域的影响	8	1	8
对关键职能的影响	4	1	4
对客户的影响	4	3	12
对财务的影响	2	3	6
数据敏感性	2	2	4
总分（风险影响分值）			34

风险可能性类别	等级	权重	加权后的影响分值
开发难度	8	3	24
入口数量	2	2	4
要求的地点	4	1	4
探测速度	4	1	4
计划的响应	4	3	12
总分（风险可能性分值）			48

度量	评价标准	等级
临界点之上运行	经营职能在 4 小时内停止工作	2
临界点内运行	经营职能可以延续 4 小时以上但是不超过 24 小时	4
临界点之下运行	经营职能可以延续 24 小时以上	2

图 5-6　诊断基础上的 IT 风险评估方法

资料来源：© 2007 MIT Sloan Center for Information Systems Research. Adapted from TD Banknorth documents. Used with permission.

简而言之，用简单方法量化风险可能性与影响，就能对 IT 风险做出有效的评估。风险评估就是一种预测，涉及其中的变数本身就很多，难以精确量化，要把这个预测精确到三位小数点是没有任何意义的。[7]

在风险评估中，总被提到的一个问题是，如何处理极其不可能发生，但是一旦发生会产生巨大影响的风险，比如建筑物倒塌以及化学物泄露、洪水、地震等。在风险评估中用一个等于或接近零的可能性与极大损害相乘，综合起来风险会等于或接近于零。但是，如果这个风险被忽视，企业可能要付出极其巨大的代价。

解决这种低可能性风险的一个有效方法是把风险可能性从计算中剔除，依照风险损害来评估风险,对处理风险的各种备选方案进行成本效益分析。这个方法不会弄明白什么时候风险会发生,但是它能让公司知道是否有节约成本的方案来评价或处理风险。

很多企业评估风险的最后一步是把个人的风险评估在他的同事间做反对测试,经常是采用现场小组讨论的方式。这是一个确保评估的全面性和合理性的有效方法,因此它能为决策提供有意义的依据。

风险轻重缓急排序与任务分配

尽管被评估为有高可能性、高影响的风险在大多情况下会排在风险轻重缓急排序表的顶部,但是轻重缓急的排序与风险评估并不是一回事。风险的特性(即什么处在危险中)、企业在合理的成本内有效处理风险的能力,与企业其他轻重缓急安排顺序和条件限制一道,都会影响IT风险的排序。在对风险进行轻重缓急排序之后,就要安排人员负责对风险采取减缓、回避、接受、转化的处理。

对风险进行轻重缓急排序的工作必须由相应级别的业务经理来做。处理风险的任务可以委派他人来做,但是排列风险先后顺序的工作不能被委派。这也是为什么要从对业务产生影响的方面描述IT风险,理想的是按4A模型来描述。

风险处理

每种风险都能组合四种方法来处理:减少、回避、转移(例如用保险和合作方式)、接受。在大多数情况下,前述处理IT风险的方法就是减少其可能性(例如改善基础)及其影响(例如在经营连续性计划中要制定手动恢复方案)。与精准性有关的IT风险是不可避免的,可以作为一条规则;与准入性有关的风险问题也越来越严重,它无法被企业接受,也难以被转移;与灵活性有关的风险一般也不能转移,而且大多数企业不能接受或避免它。

正如在导言中所介绍,柯麦尔航空公司没有应对机务人员日程调度系统崩溃的应急计划,实际上,他们忍受了一个低可能性但是后果惨重的风险。[8] 无论风险发生可能性为多大,只要日程调度系统崩溃的潜在损害非常大,柯麦尔航空公司就应该有一个能发现意外事故和评估影响的备用方案。换句话说,不管发生的可能性为多大,接受风险应该是在了解可能发生的最坏情形并准备好接受结果后的一种选择。

我们的研究数据表明,重视存在的漏洞或弱点比重视威胁会更有效地降低风险。事实上,在研究的九种威胁中,没有一种在统计上与风险的增加相关,然而对于弱点或漏洞恰恰相反。企业至多也只能对威胁有很少的一点控制,特别是外部威胁,但是企业却能对存在的弱点或漏洞做很多的控制。重视企业的脆弱之处,可以避免企业面对看起来最紧急的问题(比如昨天报纸上提到的威胁),这也能帮助企业弥补有可能被任何威胁利用的漏洞。没有哪个国家能够控制海平线,但是国家可以修筑堤坝来减少海平面上升给陆地带来的威胁。没有哪个公司能够控制不计其数的外部黑客,但是公司可以弥补有可能被黑客利用的网络漏洞。

总而言之,漏洞是公司暴露在风险中的根本原因,而不是威胁,所以最好要重视缘由的根本。

监视、跟踪风险

监视与跟踪风险就是观察并记录风险管理方案与政策的有效性,以及改变内、外环境对所管理的风险产生的影响。监视与追踪风险也就是监控与 4A 有关的主要风险监测指标:可用性(例如,硬件与软件配置的兼容性,服务台呼叫量、交易量)、准入性(例如员工流失)、精准性(报告的及时性与精准性)、灵活性(按预算、按时完成项目的比率)。监控系统运行可以借助风险治理流程的支持系统自动完成,例如关于公司网络经受攻击脆弱性的数据可以用抵抗袭击的软件自动搜集。但是在大多数企业内部,监控的过程和步骤都是由人来完成的,由技术员与经营人员组成的小组定期检查系统和业务流程,看其是否有漏洞、是否与风险政策与标准要求符合。

TeliaSonera 是北欧和波罗的海地区领头的电信企业,每月进行循环的安全审查,审查业务部门现存的流程、支持系统以及在建的所有系统。[9] 每次检查都是由 IT 安全委员会制订计划、核准(在 IT 风险治理结构中的执行委员会)和提前通告，并分发在检查中要用的问卷给将访谈的员工。检查小组的领导者选择小组人选，小组中经常包括其应用和程序要被检查的业务部门的一个代表。[10]

TeliaSonera 公司检查的目的是建立协作能力与风险意识，而并不是寻找错误。"我们以最佳实践作指导建议，业务部门可以选择是否采纳，"TeliaSonera 公司 IT 风险的高级经理托尼贝克（Toni Bekker）说："我们的最佳实践经常是取自我们发现的优秀典范，并在公司内宣传。当发现错误时，我们会与负责人就何时纠正错误达成一致。同一错误不会出现第二次。"[11]

图 5-7 是公司检查流程的结构，例如 TeliaSonera 公司的结构。"导火索事件"可能是引起风险小组开始检查的重要事件。这些事件包括诸如主要风险指标达到警戒线，定期（或随机的）系统检查，对潜在收购对象的调查，调查新的合伙人或者供应商（或者检查现有的供应商），正在开发的软件的"入门"检查或者任何建议公司应该检查的漏洞，核查纪律遵守情况以及重新评估风险之类的事项。

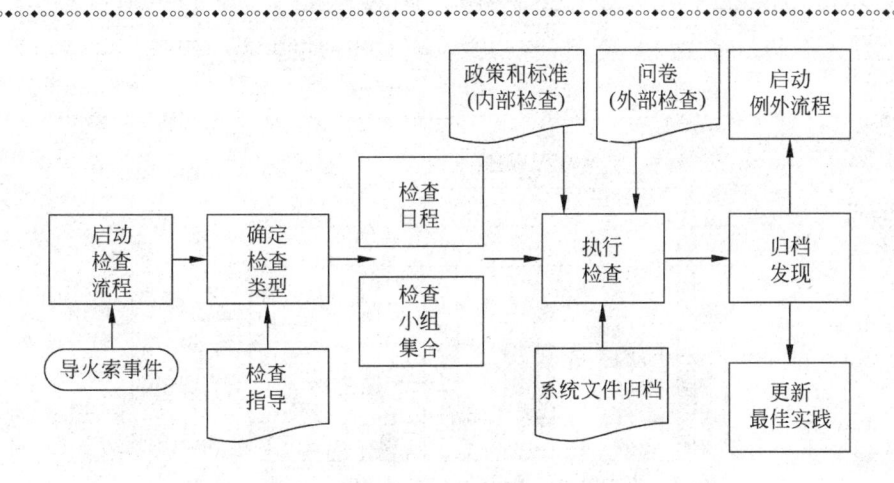

图 5-7 典型的风险审核流程

资料来源：© 2007 Gartner, Inc., and MIT Sloan Center for Information Systems Research. Used with permission.

一个公司决定对哪个风险进行最详细的监控首先取决于其对风险的评估。理想的做法是，公司能对每一次系统宕机、黑客入侵、数据不精准性带来的损失、每个员工辞职以及任何其他会产生风险的事项（例如项目的完成或取消）进行追踪。首先,把关注和精力投入在影响最重大的地方,对优先级最高的风险采用指标来度量更实用,直接把指标与经营绩效联系起来(例如,呼叫中心的运行时间与网络运行时间的对比),在对风险的控制有好转时,再扩展评价指标。有些时候,公司不用不停的对所有风险进行详细评估,而是转为逐步更新现存风险状态的同时,评估新瞄准的风险。

例如 PFPC 公司监控 IT 员工流失的风险。如果流失率太低,IT 主管人员判断是否需要鼓励更多的人离开,如果流失率超过了临界点,IT 主管人员决定如何改变政策或提高工资来避免重要技术随着人员而流失。PFPC 公司同时追踪 IT 员工整体的技术水平,来保证他们雇佣了既适合未来发展的技术人员,又不会流失保证现有经营顺利运行的关键技术人员。因为可用性对于 PFPC 的价值定位至关重要,公司也会追踪基础设施的性能、服务台接听的那些苛刻的电话以及开发应用程序供应商的运行情况。这些指标没有一个是完美的风险指示器,但是把它们放在一起,就会找出风险恶化的个别资产、项目或业务部门。图 5-8 给出了 PFPC 公司一个 IT 风险监控和报告表的例子。

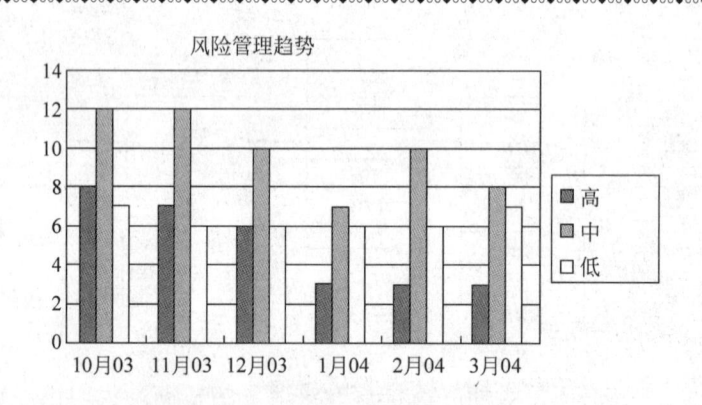

风险管理趋势

评级的风险		评级		
公开征求讨论的风险	总分	高	中	低
月初	19	3	10	6
新风险	3	1	0	2
以过去的风险	4	1	2	1
提高风险等级	0	0	0	0
降低风险等级	0	0	0	0
月末	18	3	8	7

风险老化	风险类别	归属	总分	小于1	1—2	2—3	3—6	6—9	9—12	大于12
	基础设施	经理A	2					1	1	
	财务控制	经理B	2		1			1		
	人力资本	经理C	1				1			
	运营	经理D	6		2			1	3	
	项目管理	经理E	1		1					
	安全	经理F	6	2				1	2	
	战略	经理G	0							
	合计		18	2	5	0	1	4	6	0

图 5-8　PFPC 公司的 IT 风险仪表盘

资料来源：George Westerman and Robert Walpole,"PFPC：Building and IT Risk Management Competency," working paper 352, Center for Information Systems Research, MIT Sloan School of Management, Cambridge, MA. Used with permission.

注释：Managers' names removed to protect confidentiality.

除了改善风险评估与轻重排序的流程,风险监控还给管理政策和标准的有效性提供了重要反馈。如果监控中发现某些政策或标准经常被违背,那就可能是政策或标准的问题,而并不是业务单位或 IT 员工的问题。

有效 IT 风险治理流程的五个关键做法

在调查研究中,我们发现五个企业可以用来完善风险治理流程的做法。采用任意一个做法的企业在统计上明显的优于其他公司,风险管理能力更加自信,忽略重大风险的可能性更小。这几个风险治理的做法并不会比其他随意无计划的做法耗费更多成本,它们会保证风险治理流程的连贯性,保证履行管理、监控风险的责任,保证提供随时间推移改进流程的机制。我们已经谈论过这五个做法的其中几个,这里再列出这五个做法来,强调它们的重要性。

1. 指定一个人对风险治理流程负责。作为 IT 风险管理小组的领导人,IT 风险官设计并执行风险治理流程,包括制定政策、识别风险、排列风险优先级、解决风险和追踪风险,但是他不负责管理具体的风险。指定一个人对整个风险治理流程负责,有效率的公司就会对 IT 风险管理能得到一个清晰认识,建立不断改善风险管理的机制。

2. 规范风险分类。一个小而详尽的精心设计的IT风险及其风险因素的分类能通过两个途径改善风险治理流程。首先，这些分类及其定义能提供给现场专家一个核对表，帮助他们识别和评估风险。其次，通过把企业类似风险分组来帮助企业高层排序风险的轻重缓急以及监控风险；这是在对风险进行类别间比较前很有用的一步。我们推荐用4A作为大的风险分类基础。如果需要，企业可以根据具体情况增加一个或更多的分类。

3. 创建风险记录册。IT风险记录册能记录和追踪所有IT风险。风险记录册至少要记载风险名称、描述、分类、负责人、风险的影响及其发生的可能性。风险记录册同样记载处理风险的计划以及进展。一些企业还会记录其他的基础数据，包括IT资源、业务流程、被风险影响的业务部门、对风险解决时间的预测以及风险现阶段的状态。公司可以采用昂贵的方法来追踪信息，但是这绝不是必需的。我们看过一些公司只用分类汇总表和文字处理程序这么简单的工具，起码在风险管理初始阶段是只用这些的。对于在一个部门或整个企业，最重要的是能适当详细的追踪风险，然后在业务部门或整个企业比较全部或部分风险。表5-2展示了摘自PFPC公司的IT风险记录册的网络通讯部分。

4. 开发统一的风险评估方法。统一量化对风险影响和可能性的评估，企业就能从全局性的角度比较和排列风险。在这章前面我们已经详细的谈论了这一点。此处我们只想强调一点，采用统一的、宽泛但清晰的界定准则，就足以揭露最重要的风险。

5. 采用专业的最佳实践。产业和供应商的最佳实践，例如推荐的软件配置、杀毒软件的每日更新、标准化的内部控制，常常能从行业专家或者行业协会处得到。在这些标准化的领域，风险经理能依靠这些方法建立一个"足够好"的防线来抵御风险、排除可能会造成更大风险的漏洞。风险经理就可以专注于需要特别关注的情形了。

我们的研究数据表明，从统计角度看，这五个方法几乎对风险的每个类型都有显著影响，几乎牵扯所有人员。我们的数据同样表明，有三分之一到一半的企业没有实行以上任何一个方法，所以这些企业风险管理的提高是有空间的（从图5-9可见这几种方法的普遍性）。我们在这里强调这些方法不能替代一个好的风险治理流程，它们只能提高现有的风险治理流程。对于要保证管理上重视 IT 风险、组织具有风险意识,保证公司采取措施解决最重要的风险,一个强壮的风险治理必不可少的。

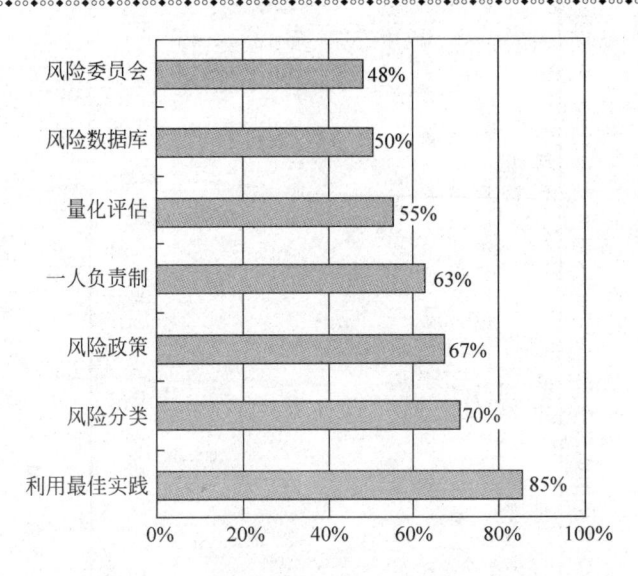

方法	百分比
风险委员会	48%
风险数据库	50%
量化评估	55%
一人负责制	63%
风险政策	67%
风险分类	70%
利用最佳实践	85%

图 5-9　吸收 IT 风险治理流程的主要方法

资料来源:@ 2007 MIT Sloan Center for Information Systems Research. Used with permission.
注释:Bars represent percentage of surveyed organizations stating that they use a practice consistently.

PFPC 公司 IT 风险治理流程的实施

PFPC 公司引入 IT 风险治理流程的经历,展示了公司在采用新的 IT 风险治理流程的价值与努力。作为领头人,首席信息官哈特与其他 IT 风险主管,把风险治理流程的思想灌输给业务部门与业务伙伴。同时要求业务部门高级经理鼓动员工参与到 IT 风险流程流程中,并在需要的时候对风险进行核查。[12]

在此流程建立之初,PFPC 公司的 IT 风险官借鉴了母公司 PNC 金融公司的风险管理流程。这个流程需要首席信息官的七个副手在他们的部门以及整个公司的业务部门中识别风险。这些风险记录在风险记录册上(其中的一部分摘录在表 5-2 中),以此为基础编辑 IT 风险报告,提交给哈特、技术风险管理委员会以及公司的企业风险委员会。

表 5-2 PFPC IT 风险名单中的摘录

风险问题	风险描述	风险种类	风险归属	等级	项目阶段	目标项目	项目号	项目经理	注释
103 和 400 贝尔维尤之间电话录音性能问题	影响 2LOBS 的当前 Verint 和 NiceLogger 系统的性能问题（如录音丢失）	表现	A 经理	高	未开始	TBD	TBD	TBD	升级（2）LOBs 机型系统建议已提交等待 LOB 决定
Lynnfield 广域网链路的加密	现行 Lynnfield 广域网中的加密性能与 PNC 的 3DES 标准不符	安全	B 经理	高	未开始	TBD	TBD	T3D	3#相关的风险：Lynnfield 中 EOL 网络设备等待 LOB 调整决定

资料来源：George Westerman and Robert Walpole, "PFPC: Building and IT Risk Management Competency," working paper 352, Center for Information Systems Research, MIT Sloan School of Management, Cambridge, MA. Used with permission.

第五章 开发风险治理流程

此流程起初的运行并不顺利。第一个循环中发现了300多个风险,正如一个IT官说的:"细节过多,我们把哈特淹没了,结果他来参加公司风险会议时,就连最重要的几个风险的处理方法都好像没有准备充分。"在一致性与激励方面也存在问题,一些IT官发现很少几个风险,而有些却发现了数十个。

结果呢,很多人不愿意列出自己部门的风险,因为他们认为风险管理是他们职责的一部分,上报一个他们自己可能解决的风险,就是用首席信息官本来不用关心的事情去打扰他了。其他一些人则用风险管理的过程来替代项目管理和供应商管理需要的问题详细列表。还有一些人利用识别风险的过程达到政治目的,在自己的部门少报告风险来提高自己的形象,多报告与其他供应商或部门有关风险来玷污他们的形象。

过了一段时间,哈特的高级职员制定了高、中、低风险的统一性概念,同时综合整理了发生在多个应用程序与业务部门的风险。同时完善了风险治理流程以便更早的发现风险、为技术决策提供可选择的降低风险的方法。

除了改善风险评估的一致性和风险轻重缓急的排序,PFPC的IT经理也改善了对风险的识别与监控。每个月,IT风险官都要求IT负责人更新风险情况,撰写风险情况报告(如图5-8中展示)。哈特在高级职员会议中审查这些报告,确保自己了解最重要的风险,确保他的员工专注于减少风险。IT部门开始监控主要的风险指标,比如员工流失率、呼叫服务台的电话,作为潜在风险的早期预警信号。IT小组就开始主动出击去改善许多领域,例如个人技能、供应商管理,这些问题未来可能会演变为严重的可用性、精准性、准入性与灵活性的风险。

当IT风险治理流程进入成熟期,PFPC开始将风险管理嵌入到整个公司的IT管理流程中。例如,公司在新项目申报过程中加入了一些步骤,识别项目潜在的运行风险和交付风险(见图5-10中用点线圈出的地方)。对不执行公司标准的项目或可能需要数据中心额外支持的项目提早审查,而且鼓励项目发起人修改计划来减少风险。

在IT管理流程中嵌入IT风险管理有无数好处。鼓励经理遵照公司标准办事并做出低风险的技术决策,这种做法可以防止新的IT项目在不经意的情况下恶化公司风险状况。早点发现异常情况,能使公司有更好的准备应对不符

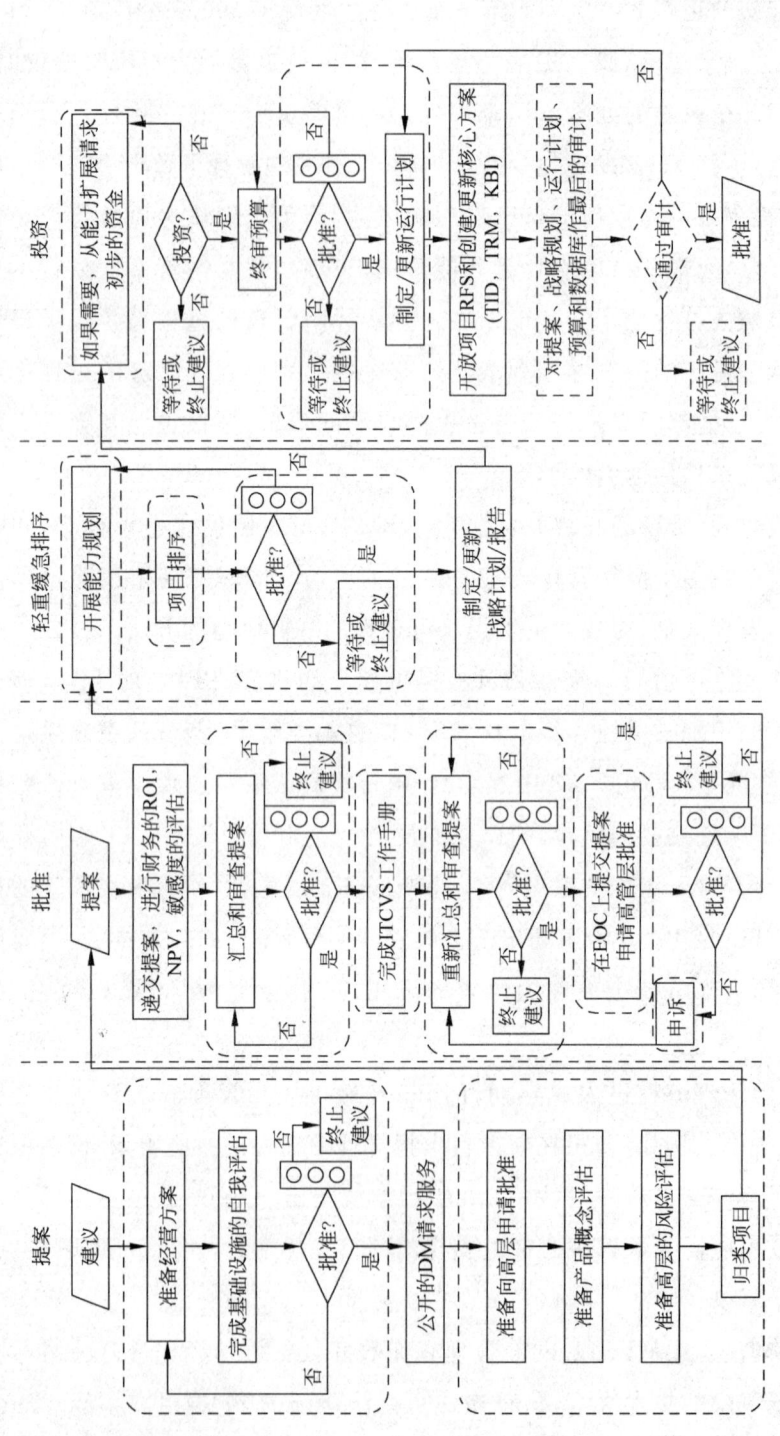

图 5-10 风险管理纳入 PFPC 的需求管理

资料来源：George Westerman and Robert Walpole, "PFPC: Building and IT Risk Management Competency," working paper 352, Center for Information Systems Research, MIT SloanSchool of Management, Cambridge, MA. Used with permission.

合标准的项目,并鼓励经理考虑是否修改政策。让经理们在申请新项目的时候考虑所有的风险,能让项目发起人意识到什么情形会产生高风险。了解影响特定IT资产的项目,有助于架构主管借助现有项目来逐步简化基础。

在十五个月里,活跃风险的数目减少了十倍,哈特和他的员工集中精力在公司最重要的风险上,公司有史以来第一次通过了由联邦储蓄局主持的IT专项审计。IT风险管理也成了经营业务的一项组成部分,而并不是一个附加的官僚式程序。业务部门和他们的IT合作部门开始意识到,标准的建立与风险治理流程不仅减少了风险,还提高了公司IT机构和IT资产的效率。换句话说,他们开始看到了IT风险管理的经营价值。

当销售部门开始响应哈特的号召向客户展示公司IT风险管理能力的时候,IT风险管理所带来的商业价值就清晰地展现出来了。并不是所有的首席信息官的IT风险治理流程都能得到类似的关注,但是我们之前谈到的好处已经很明显了。

让企业关注最为重要的IT风险,风险治理流程是必不可少的。风险意识和扎实的基础建设本身并不能为指导高管做决策提供所必需的认识。环境在变而公司风险状况也随之在变,因此没有流程,不可能把全企业的人一次又一次的召集到一起,探讨出风险这头大象究竟是什么样子。在不同的企业中,风险治理流程的严格程度与官僚程度的成分会不相同,但所有公司都需要一个流程,这个流程要能够把本章所讲方法应用到公司环境中。

下一章谈第三个风险管理的修炼:风险意识。

第六章

建立有风险意识的企业文化

不久之前,理查德走访了位于得克萨斯州休斯敦(Houston,Texas)的雪佛龙菲利普斯化学公司(Chevron Phillips Chemical)。当他行驶到停车场的入口处时,一位保安人员告知他前方限速为每小时9.5英里。这是他听到的第一条有关安全的公司信息,之后保安人员又告诉他:"请注意安全。"在通过前台之前,理查德看到了两张与安全有关的海报,之后无论去什么地方他都能够看见墙上张贴着更多的此类海报。

当着公司主人的面,理查德评论了这些安全信息,该主人坦言在雪佛龙菲利普斯化学公司安全确实是一个优先考虑的事项。他告诉理查德,在这里每个月都有一个安全主题,员工经常会以现场讨论、备忘录或电子邮件的形式收到各种各样的信息,介绍如何处理与该主题有关的安全性风险。

理查德问到:那么这个月的主题是什么?

主人说道:当心毒蛇。

很明显,雪佛龙菲利普斯化学公司的文化是以安全性为导向的。有诸多充分的理由可以证明为什么会这样。员工们所处理的材料是易挥发和危险的,一个错误或事故可能很快就会造成大规模伤害。除此之外,附近还时常有毒蛇出没。

了解这些风险和传播相关知识是非常重要的。当人们看到一个威胁或漏洞而不能识别时,不可能指望他们保护自己或保护他们的企业。半导体制造商ChipCo(见第三章)有一个结构非常合理的、安全的IT基础架构。但是,这没能阻止一名制造工程师给ChipCo公司网络带来的潜在危害。该工程师违反了公司的安全政策在台式机中安装了无线网卡,无意中给黑客提供一种可以从该工厂的停车场访问公司网络的方法。皮尤(Pew)互联网络和美国生活研究项目在2005年2月发布报告称:在过去的12个月,35%的在线美国人经由电子邮件收到了"网络钓鱼"的攻击;皮尤网络进一步估计,2%的在线美国人,不知道"网络钓鱼"的危害或如何识别钓鱼欺诈,竟已无意识地回复了这种危险的电子邮件。[1]

缺乏风险意识暴露了基础架构的漏洞并且会削弱风险管理流程的效果。没有风险意识,企业不可能规避风险,而只能承受由此带来的恶果。但是,风险意识的文化不仅仅具有广泛的风险知识和解决方案,还具有自己显著的特点,即具备高度的"心理安全"——当讨论所关心的风险时,能自由的讨论而不用担心被报复。[2] 在风险意识文化氛围中,人们会知道他们面临哪些风险,并且愿意和其他人讨论,同时愿意帮助别人解决风险。处于这种文化中的人有能力面对失败和吸取其中的教训(而不是忽略失败),从而逐渐提升自己,并有能力以团队的形式分担和处理这些风险。

风险厌恶型文化逃脱不了风险

风险厌恶型文化是指,在这种文化中,就风险管理来说人们的心理安全程度很低。确切地说,他们不仅仅害怕风险,而且还害怕其他人的反对或谴责。在风险厌恶的文化中,人们会自动避免采取可能产生风险的行动,而不去考虑风险是否可控或是否具有潜在的价值回报。失败和冒险的行为将受到公开惩罚,以示警告。(见图6-1)。

风险厌恶型文化并没有真正避免风险:它避免讨论风险、察觉风险、了解风险。不管承认与否,风险是永远存在的,而风险厌恶型文化拒绝正视它。因为没有机会获得与失败相关的知识,同样的事故一次又一次发生。人们总是逃避责任,寻求替罪羊,而不是去建立应对危急情况的解决方案。在这种文化中,规避风险不是一种选择或战略,只是一个条件反射。

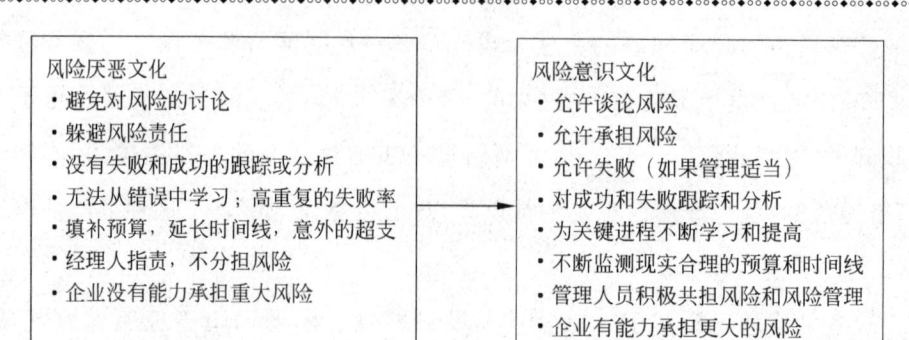

风险厌恶文化
- 避免对风险的讨论
- 躲避风险责任
- 没有失败和成功的跟踪或分析
- 无法从错误中学习；高重复的失败率
- 填补预算，延长时间线，意外的超支
- 经理人指责，不分担风险
- 企业没有能力承担重大风险

风险意识文化
- 允许谈论风险
- 允许承担风险
- 允许失败（如果管理适当）
- 对成功和失败跟踪和分析
- 为关键进程不断学习和提高
- 不断监测现实合理的预算和时间线
- 管理人员积极共担风险和风险管理
- 企业有能力承担更大的风险

图 6-1　风险厌恶文化和风险意识文化

资料来源：© 2007 MIT Sloan Center for Information Systems Research and Gartner, Inc. Used with permission.

风险意识文化自上而启

组织文化不会自动从风险厌恶型向风险意识型转变。组织变革管理专家们普遍认为：高层管理人员能够通过他们的言行举止确立企业的主导文化。想要建立风险意识型企业的高管将会面临艰难的决策，因为他们需要提前考虑清楚改变带来的反应。例如：

- 高层管理人员是否积极鼓励业务部门的管理人员使用新的组织机制，检查其设立的、新的产品和服务中的 IT 风险——即使是新的或现有的产品最后也必须加以检查？正如第八章所描述的那样，微软通过其可信赖的计算计划确实是这样做的。ChoicePoint 公司，在其 15 万多个个人记录被严重公开泄露之后，在 2005 年 2 月为此实施了新的机制。[3]

- 在解决政策之外的非常规案例时，高管将会采取什么样的原则？例如，如果一个经理绕开 IT 治理流程和检查流程以便使系统——新产品或系统支持的关联——运行得更快，管理人员将如何处理这种情形和建立一个范例呢？

- 当一些创新的提案含有那些会导致基础更为复杂的非标准技术的时

候,高管将如何处理这些提案?
- 当人们报告风险并寻求帮助以减轻风险的时候,高管将如何处理?当下属做了明智型的冒险而失败的时候,又如何对待他们?
- 高管将如何获取和使用有助于企业进行评估和管理风险的信息?
- 高管应该如何对待对于那些有能力胜任却仍然无法按时使项目盈利的高风险项目经理?
- 一些项目经理通过放慢项目进程来应对突然出现的风险,如丧失或重新指派项目赞助商,高管将如何对待他们?

权衡涉及的诸如这些问题都不是小事。管理人员对这些问题的处理方法,向公司里的每个人发出了重要信号,即什么风险是重要的及其重要程度。

塞拉尼斯化工企业的案例可以说明高层管理人员在改变风险文化方面所起的重要作用。塞拉尼斯化工企业是一家价值 60 亿美元的乙酰基产品和工程聚合物的全球制造商。[4] 在从全球化工巨头赫希斯特分拆出来之前,塞拉尼斯化工是"从未失手"的企业。员工始终安全轻松的工作,他们工作计划较少,预算较多,管理十分宽松。但新公司的债务负担使得他们必须在业绩上获得显著改善,而这反过来又要求一种对风险具有更高承受能力的新的文化。据 CIO 卡尔·瓦克斯(Karl Wachs)说,"当我们脱离赫希斯特时,我们有大约 20 亿美元的债务。我们无法以传统的方式进行运作,否则我们的业绩将会和以前一样,也许能比以前好 5%—10%。我们必须要把公司提高到一个新的水平"。

其中一个转变就是"ONE SAP",一项把七个 ERP 系统(和业务流程暗含的所有的变数)合并成一个系统的彻底整合。改变风险意识文化的行动以瓦克斯首次向董事会报告项目拉开序幕,当时他对成本和时间表做出了可靠的估计,没有像在塞拉尼斯时常见的那样保留百分之百或更多的余地。他进一步告知董事会,因为对成本和时间的估计没有任何余地,公司的传统"从未失败"的保证现在不再适用。委员会考虑了这一雄心勃勃的、非传统的提案,并决定启动该项目,不仅要实施公司流程的变革,还要引入对于风险的新态度。

据瓦克斯说,"冒险是一件好事。如果你不承担风险,你永远也不会变得伟大。你不应该犯愚蠢的错误。但是,如果你犯错误或出了问题,还能够站起来,并且指出'这里有错误',这样团队就能够改正这个错误。"虽然这些都是简单的词,但考虑先前的"从未失败"的文化,它们代表了巨大的变化。

随着该项目获得批准,瓦克斯采取措施,以帮助他的团队建立正确的风险意识文化。他挑选能公开讨论现状和风险的人作团队领导人。然后他和他的团队共同工作来塑造正确的行为模式,并且把这种文化灌输到执行这项宏大规模的项目的整个团队中去。

瓦克斯解释,"当你在做一份历时多年的、包含百人的项目的时候,就可能出问题。日复一日,事情总在变化。你所要做的就是创造一种有利的气氛,在这种氛围中,变化是正常的,并且人们明白你承担着风险。一旦事情发生变化,或你尚未准备好,你就可以说出来,然后调整你的计划继续前进。关键是要进行诚实的沟通。"

一个 ONE SAP 计划需要不断地调整以跟上公司的变化。据瓦克斯说:

贯穿整个项目,我们面临很多问题。我们买入或者卖出一些企业,各种不同的部门决定添置东西,等等。项目实施的每一天,似乎都像是一场灾难。每天都会有些事情出错。你必须一直管理好自己的储备,必须了解什么时候你到了最后的底限。

在 2003 年的夏天,我们临近最后期限。当我们一知道不能保质按期完成时,我们就立即前往董事会并且说道:"我们出了点问题,我们还需要三个月。"

等着看董事对此会如何反应是件非常有趣的事情。实际上,我们团队中的人都怀疑能否得到三个月的时间,因为它不只是时间这么简单的事情,它是钱,是一笔数额巨大的资金。

我们从一个非常实际的角度清楚地向董事会进行了解释,包括我们处在什么阶段,为什么会在此,以及下一步该怎么做。他们全面地支持我们。他们随即在企业内部网上公开宣称说,董事会完全接受我们延期这件事,因为我们是要为客户提供优质的系统。他们非常支持这种类型的文化。这件事确实帮助组织全员清晰地认识到承担风险是可以的。

一直以来瓦克斯对董事会都很坦诚,而董事会成员也很认同他。他们曾经见证过项目小组遇到困难和克服风险,所以直到现在他们仍然信赖他们所听到的。因此,他们没有由于延长时间而惩罚项目小组,而是为项目小组提供帮助,从而鼓励文化的转变。最重要的是，董事会成员证实了他们的决定：董事会现在愿意承担预计的风险。

通过细分受众和频繁交流提高风险意识

提高意识需要的不仅仅是塑造和奖励风险意识行为。据我们的资料显示，风险意识培训和整体风险减少之间有很强的联系。正如图6-2所示，在一组一般机制（如没有专门针对4A中某一个风险的那些机制）中，这是唯一与4A中较低的风险具有统计学上显著地相关性的机制。

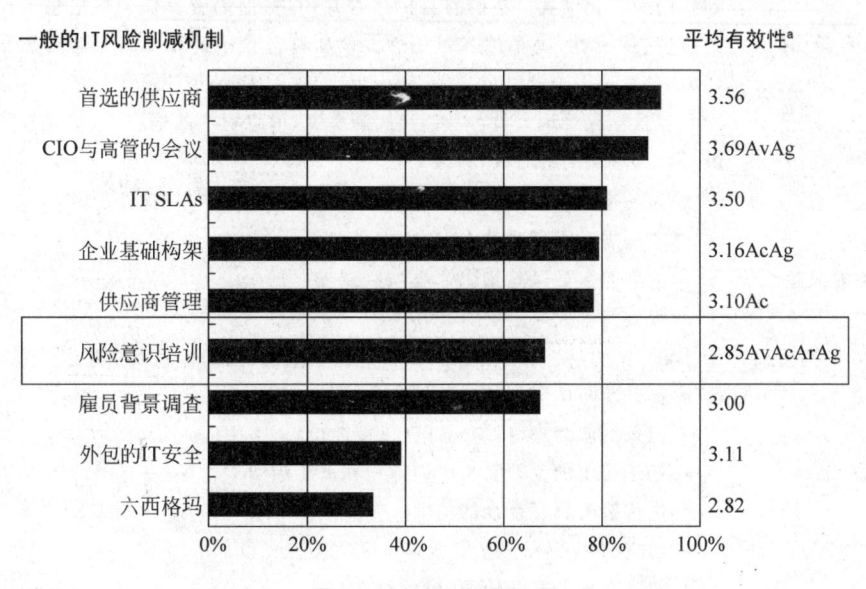

一般的IT风险削减机制	平均有效性[a]
首选的供应商	3.56
CIO与高管的会议	3.69 AvAg
IT SLAs	3.50
企业基础构架	3.16 AcAg
供应商管理	3.10 Ac
风险意识培训	2.85 AvAcArAg
雇员背景调查	3.00
外包的IT安全	3.11
六西格玛	2.82

图6-2 意识培训的效果

资料来源：© 2007 MIT Sloan Center for Information Systems Research. Used with permission.

[a] 平均效果的分数介于刻度1（无效）到5（非常有效）之间，由119位受访者评定。字母Av, Ac, Ar和Ag表明，对于可用性、访问、精准性和灵活性各自的变化来说，采用该机制与减轻风险之间具有更大的统计上的显著相关性。

风险是一个复杂的主题，让每一个人都全面理解它是不可行的或无效的。对于风险来说，专家需要了解大量的细节，但大多数人只需要了解什么事情会产生风险，以及他们能够采取什么措施来减少导致风险的漏洞。

表 6-1 摘录自 IT 风险官为荷兰 ING 集团美洲保险公司(ING Insurance Americas)所做的报告,该报告阐述了增强 ING 集团的员工和客户的 IT 风险意识的计划。虽然文化牢牢掌握在高级管理人员手中,但是对于风险意识的计划来说,这是企业或 IT 风险官,或一个较小的组织中负责信息安全的领导的典型责任。

表 6-1　ING 美洲保险公司对于信息安全的风险意识目标

ING 集团的员工信息安全意识计划(内部重点)	
定义:	安全意识计划是一个持续的沟通和教育活动,来帮助用户了解他们在保护 ING 集团和客户的信息资料中的作用,和进一步帮助用户把信息安全融入到我们的文化中去。我们的目标是告知用户,他们有责任确保信息资产的完整性、保密性、隐私性和可用性。该项目包含了约 2.6 万个遍布加拿大(Canada)、拉丁美洲(Latin America)和美国的 ING 集团员工。额外的目标受众包括高级管理人员、人事经理、新员工、信息资产的所有者、信息技术人员、第三方(适当的时候)和经纪人。
价值建议	• 成为一个具有风险意识的组织 • 遵守法规和规章要求
相关的风险	• 不适当的人员风险意识 • 间接支持十大风险
2006 年的相关活动	伴随其他风险管理职能继续部署美洲保险公司的信息安全意识计划 ■ 提升所有员工的培训计划(在进行中) ■ 信息资源管理(IRM)通讯(正在进行) ■ 基于员工的反馈完善培训计划和员工沟通 ■ 进行额外目标受众的培训 ■ 建立 ING 集团信息安全知识区(在进行中) ■ 每月在线的文章(正在进行) ■ 年度安全意识周(正在进行)
ING 集团的员工信息安全意识计划(外部重点)	
定义	客户意识计划帮助 ING 集团客户保护自己免受欺诈和身份盗窃。项目范围: • 合法的考虑和战略 • 客户面对的考虑和战略 • 技术的考虑和策略
价值建议	• 最小化与身份盗窃相关的品牌、声誉和财务风险 • 减少 ING 集团的法律责任 • 遵守法规和规章要求

续表

相关风险	· 没授权的准入
	· 不安全的系统设置和变动管理
2006年的行动	· 共同执行美洲保险公司反钓鱼欺诈的战略,和客户考虑到其他风险管理职能所采取的行动(例如,ORM、法规、法律和CAS)
	· 建立反网络钓鱼工作组的目的是:
	▪ 创建一个全面的反网络钓鱼的战略
	▪ 使用法律来确保所有的网站有一个适当的法律声明,以保护ING集团
	▪ 为ING集团客户开发和部署教育活动
	▪ 与ING集团全球的其他业务部门合作,利用知识并且进行更好地沟通协调和对事故做出响应

资料来源:Materials and background provided by Hsiao-Wei Tang, IT risk officer, ING Americas, 2005. Used with permission.

请注意,这个计划描述了不同的受众和他们的目标。这些图表没有表现出来的是,分配给用于客户意识计划的资金明显多于分配给用于内部意识计划的资金,这与IT风险管理计划的主题保持一致:"让您以安全的方式更轻松地与ING集团做生意。"最后,我们注意到计划中的价值主张包含了客户和公司双方的利益。

一般来说,企业IT风险意识沟通的受众包括高级管理人员、业务部门经理、最终用户、IT人员以及外部的各方如供应商和消费者。在某种程度上说,这些受众会有重叠。所有员工除了担任其具体的角色之外,还都是技术的使用者,因此,他们必须被告知会影响到他们的问题和解决问题的答案。IT风险意识包括了解信息,如公司的IT风险的政策是什么,以及如何遵守这些政策;如何认识到同事或承包商正在从事危险行为;当存在风险情况的时候,应采取什么行动;如何识别环境中的威胁(诸如钓鱼欺诈、电子欺骗或病毒攻击)等等。

在很大的程度上,适用于内部用户的众多问题和信息,例如,如何识别威胁和处理威胁,也同样适用于外部客户。所不同的是,该公司对其客户行为的控制程度很低,因此,他们必须更多地依赖于劝导和培养,而不是正规的训练和强制措施。

截至写稿时,我们知道的除了互联网服务提供商,如美国在线公司(AOL)和地球连线(EarthLink)之外,尚没有公司制定明确的职责来保护其客户免受

IT风险，如垃圾邮件和病毒。但是，包括基于互联网的零售商和金融服务提供商在内的许多公司，已经开始采取措施去教育他们的客户有关基于互联网的攻击风险的知识。访问易趣网（eBay）的游客在单击主页上的"帮助"之后，会立即看到一个"关于易趣的常见问题"的清单。清单中的第一条是"我怎么知道电子邮件确实是由易趣发送的？"，在网页上的另一部分以"在线安全"为标题，并且包括链接名"识别欺骗性（假冒）电子邮件"，"保护自己免受身份盗窃"，和"更多"。点击"更多"会出现一个有关在线安全的整版网页，首先是"网上安全的常见问题"。很明显，该公司知道它的客户对这个问题感兴趣，并且已经使客户能够方便地找到很多有用的信息。

随着IT的发展，企业、客户以及其他外部团体之间的联系，在深度和广度上都有所增加。在这种情况下，企业必须经常考虑如何调整它们的作用以减少那些团体的IT风险。

总之，所有的这些受众都是IT风险沟通的目标群体和贡献者。对于高级管理人员和经理人员来说，IT风险治理流程，为有关优先安排、状态、政策和程序效果的沟通提供了机会；同时帮助他们通过尝试建立风险意识文化，去学会有关风险意识的思维。对于员工来说，IT风险官可以建立正式渠道，通过该渠道员工可以快速地报告危险的情况或危险的事件。对于客户来说，建立客户服务的渠道，可以用来把IT风险信息传达给IT风险官。

最特殊的受众包括高级管理人员，经理和IT人员。下面我们分别对它们进行简要的分析。

高管的风险意识就是领导力和项目状态

高层管理人员必须明了企业目标相关的特定风险所带来的潜在影响——按4A的框架从对经营的影响分析企业那些特别的领域。他们需要知道风险管理工作目前的进展情况，包括用于描述整体IT风险状况的定量和定性指标体系，并重点关注几个或最关键的IT风险。他们需要了解企业IT风险治理流程中的结构和功能，尤其是因为高层管理人员清晰地表达这些安排的能力是风险治理成功的一个关键的指示器。最后，他们需要了解发起人的职责，如参加风险管理委员会的重要性,为正式解决不合政策的例外情况问题的重要性,以及不合政策的例外情况相关的决策所带来的影响意义。

在定期举行的高层经营主管会议上,生物基因艾迪克公司(Biogen Idec)的CIO帕特里克·珀塞尔费了一番功夫来提高人们对IT风险和公司IT风险管理活动的认识。定制化的信息能够帮助主管消化这些概念。据珀塞尔说:

当与业务人员谈风险的时候,我会谈论该部门最关心的风险领域。所以,如果在财务部门谈论风险,我会从萨班斯-奥克斯利法案方面讨论和讨论如何依此控制风险……同样,在商业领域,你可以谈论数据隐私的风险。因此,在与某职能部门谈论风险的时候,你要偏向该职能需要管理的关键风险点来进行讨论。

但我同时想要做的是……通过跨职能的沟通来让大家认识到,我们只能有一个单一的IT方法来管理所有的风险,以及只能有一套单一的业务流程和系统,以满足所有监管环境的要求。[5]

经理的风险意识就是整合和执行

提高中层业务经理的风险意识往往要通过与高层管理团队、风险政策委员会、企业的风险官或IT风险官的沟通来进行。这种沟通的目的是鼓励管理人员把风险管理纳入到日常的业务活动中去,并促进该部门风险意识文化的形成。针对这些受众的沟通就是要阐明业务经理们在IT风险管理政策中的作用;阐明他们在IT风险管理委员会或在业务连续性管理中的作用;以及他们在风险识别和评估工作中的责任,如投入精力关注存在的漏洞及其后果。最后,经理人员需要了解他们的部门和企业所面临的最重要风险是什么、如何解决每个风险、企业整体风险和特殊关键风险状况的变化趋势。提升中层经理们的风险意识的最佳途径之一是允许他们边干边学,换句话说,他们可以通过参加精心设计的风险治理流程进行学习。

IT人员的风险意识就是以风险意识的方式建立系统

设计和管理不善的IT系统会产生风险,而精心设计和管理完善的IT系统能够发现和减少风险。给 IT 成员的信息，旨在帮助他们去了解他们的行为是如何增加或减少风险的，他们需要遵循什么样的风险政策和程序以及他们应该如何遵循，以及内部的 IT 专家使 IT 系统尽可能免除风险的方式。IT 人员的风险意识包括：

- 遵从 IT 风险管理政策——如旨在保持对系统运行和活动做足够的记录的 IT 风险管理政策，并鼓励同事们也这样做
- 识别那些标准的组织活动——如资源共享、项目管理程序或者信息如何被使用——在无意中怎样导致风险，并努力解决这些问题
- 当意识到同事们正在从事有风险的行为时，立即通知 IT 风险官（见"内部人员既是问题又是解决方案"）
- 协助注重执行的风险治理委员会，在需要的时候提供帮助，利用这类委员会不断提供政策有效性方面的反馈意见

内部人员既是问题又是解决方案

美国经济情报局和计算机应急相应组织 2005 年度有关内部人员破坏计算机网络的报告指出，大约 1/3 实施破坏犯案的雇员在行动之前都会向他的同事扬言其犯罪意图。无论实施犯案之前还是之后，被抓的破坏者中大约 12％ 的人被同事举报。换句话说，警惕的员工是一道重要防线。[a]

a. 卡内基梅隆大学（Carnegie Mellon University）软件工程研究所，《内部威胁研究：关键基础设施部门的计算机系统破坏》（匹兹堡（Pittsburgh）：卡内基梅隆大学软件工程研究所，2005 年 5 月）。

- 要了解业务部门和企业所面临的最重要的风险，以及用来减少、转移、避免或接受这些风险的可供选择的手段
- 通过对特定系统的漏洞和削减风险失败的潜在后果的关注，参与对 IT 风险的识别和评估
- 为 IT 系统的风险审查提供支持和专业知识

定期的沟通是提高 IT 人员风险意识的有效途径，正如经理人员那样。但是，往往更重要的是通过参与完善构建的 IT 风险治理流程中的"边做边学"。

坚持从上到下的推动

提高风险意识的项目利用高层管理人员的支持和风险治理流程,不断地改善着企业的文化。我们的研究表明,凭借 IT 风险管理,大多数企业需要花费 12 个月至 18 个月才能将其有效性(包括风险意识)提升到基本水平。也就是说,经理人员需要花费 12 个月到 18 个月才能将风险管理进程消化接受,游刃有余、高效率地执行该管理流程,同时做出在各业务部门和风险类别中具有广泛地可比性的风险评估。

在一个具有风险厌恶心理历史的组织中,经理人员已经学会了不谈论风险。在这种情况下,高层管理人员提供稳定的强化来改变这种文化就显得尤为重要。总部位于英国的能源公司比欧西精密气体有限公司(BOC Gases),现在是林德集团(the Linde Group)的子公司之一,其降低和项目有关的风险(之后便是所有 IT 风险)的经验表明,领导和流程在风险文化的改变过程中具有重要的价值。[6]

在经历了 2000 年遭遇恶意收购企图之后,比欧西公司管理层变得更加关注风险。到 2001 年,公司上下都开始努力进行风险管理。珍妮特·纳德(Janet Nudds),一名全职的 IT 经理,被分配到该公司的风险管理部门去制定一个用于评估和降低项目风险的框架,并且确保遵守该框架。该框架包括项目风险(项目不能在规定的时间和预算内按照所要求的功能交付而产生的风险);战略风险(项目将危及一个或多个战略目标的风险);运营风险(项目不能产生职能运行环境的风险)和部署风险(项目没有及时地部署在合适位置的风险)。[7]

到 2003 年,企业文化经历了广泛的变革。用以治理比欧西集团(当时比欧西精密气体公司的母公司)的社会和道德责任的公司行为准则,正式颁布并实施了。比欧西集团的首席执行官在 2003 年年度报告的一份声明中写到:"我认为将安全作为我们最重要的事项没有任何不妥……我们正在集中精力改变比欧西集团中每个人的行为,以确保安全确实是最重要的。"[8] 对于风险的敏感性正在增加。

就这个部分而言,IT 管理强调推广一个重要信息,即经常谈论风险的项目经理能够迅速得到帮助。经理们谈论风险不但不会受到惩罚,相反,他们能迅速得到帮助。到 2003 年年底,对于风险意识的新关注开始获得回报。虽然项目负责人以前曾因害怕减缓事情进展而不愿意讨论风险,但是现在他们在遇到麻烦的时候会积极寻求珍妮特·纳德的帮助。"我们的文化正在发生变化,"纳德告诉我们。"就在几年前,没有人会暴露项目中遇到的麻烦。而现在,他们会打电话给我,希望我在集团信息管理的审计经理的能力范围之内替他们来做!现在,所有风险都暴露出来了。"

比欧西精密气体有限公司的管理人员普遍认识到只有提高项目的成功率,才能扩展 IT 风险管理架构。到 2004 年,该公司风险组合包括大约 200 个主要的 IT 风险,其中有 10 个会被优先考虑。区域主管会被委派管理十大风险中的一个。每个区域都要进行审计,如果其中一个单元失败,这个问题就沿着管理链向上提交,并最终到达 CIO 那里。项目风险审查范围已经扩展到包括安全和业务连续性检查。未来几年之内,在管理层的支持下,在比欧西集团里风险从阴影显露,将成为公开讨论和积极管理的焦点话题。

不要等待被落下的钢琴砸中才具有风险意识

当涉及 IT 风险意识的时候,我们喜欢开玩笑说存在三种高管:

1. 被落下的钢琴砸中才知道钢琴是危险的主管。
2. 见到别人被落下的钢琴砸中,方明白钢琴是危险的主管。
3. 每天在上班的路上看到很多明显被钢琴砸中的不幸的人,但是还没有意识到钢琴是危险的主管。

(最近我们的一个客户告诉我们应该添加第四种:还不知道什么是钢琴的主管)

如果你是第三种(或第四种)类型的主管,我们希望,我们对这一点所进行的 IT 风险讨论,可以帮助你在成为第一种类型的主管之前,最好能够成为第二种类型的主管。如果管理者不认真对待风险,风险意识文化是不可能建立的,这不仅仅是指到处都可能出现的攻击性风险(或某人报告的风险)。这就需要在企业中对大家进行鼓励的领导认识到,他们有责任知道风险是什么样子的、

第六章　建立有风险意识的企业文化

谁协助他人有效地处理风险,并通过他们自己的行为树立榜样,使得风险管理成为每个人的责任。

换句话说,不应该害怕定义风险意识的文化,而是要坦然对待。坦然对待风险,结合另外两个风险修炼,使企业能够承担更多的风险(和得到随之带来的回报),同时不会变得更加危险。

本章,我们总结了 IT 风险管理的三个基本修炼。在下一章,我们将讨论它对于如何掌控三项中每一项修炼的意义,和如何选择哪一个核心修炼作为在你组织中的风险管理的聚集点。

在此期间,请注意安全,提防落下的钢琴和毒蛇。

第七章

加速三项修炼

对于每一个企业来说,要尽快提高基础架构、风险治理流程和风险意识文化三项修炼,以达到游刃有余的境界,这是非常重要的。但是这并不意味着每一个企业都要采用相同的方式。考虑下面的例子。

加拿大皇家银行(Royal Bank of Canada)做出了彻底的、从上到下的治理安排来应对 IT 风险,包括从与风险相关的客户隐私到 IT 运营。正如公司年度报告所描述的,这些高度地结构化安排,把 IT 风险置于更加广泛的企业风险管理的保护伞之下,而企业风险管理本身就是具有结构化的等级结构,其中包括九大类风险。[1] 所有的业务部门都有相似的评估和管理风险的机制,并且在业务部门、集团和企业不同层次上都设置了决策委员会。它是一个精密的、以流程为导向的方法,在一个综合提高风险意识项目的强有力的支持下实现 IT 风险管理。管理层把它作为公司价值主张的重要组成部分;公司发言人公开坦承经营收入中的大约 7 亿美元归功于该公司的隐私保护计划。[2]

EquipCo 是一家全球性的高科技设备和服务的供应商。[3] 与加拿大皇家银行比起来,它的治理安排就显得比较简单,但它的以风险意识为基础的方针却是坚定的。全球能力中心配备了三十个各种技术学科的专家,为全公司的业务部门提供 IT 风险管理的专家咨询。业务部门被鼓励去承担 IT 风险的责任,并且按照自己的需要落实公司的政策。员工们都知道 EquipCo 的价值主张追求设计前卫、安全、可靠的产品,并且他们要承担确保 EquipCo 的知识产权免受威胁和损失的个人责任。

PartCo 是一家处在第二环节的汽车零部件供应商。[4] 在过去的五年中,通过从汽车制造商那里收购工厂,再改造成为PartCo的模式,它已达到了两位数的增长速度,经营获得了远超原东家的巨大利润。PartCo在每一个工厂都使用单一标准的ERP软件,运行在一个单一的品牌和型号的服务器上。PartCo的基础设施和应用软件基础是如此精简,以至于该公司用一个只有40人的内部组织,并辅以必要的承包商,就可以管理全球范围内的IT能力。PartCo的IT风险管理方法,与整个公司强调精简化生产的理念一致,并导入到基础设施的修炼中。

这些例子意味着每一个具有良好IT风险管理的企业,往往侧重于风险三项核心修炼中的一个(或两个),即使它们同时加速了三项修炼。任何企业都没有无限的注意力或能力,尤其是在开始阶段。设定中心修炼能聚焦整个企业风险管理的注意力和使风险管理能游刃有余,并把它灌输到企业的经营方式中,为提升其他修炼的变革提供支持。

这并不是说,企业应该把重点放在一项修炼上而牺牲了其他的修炼。要想从组织、技术、程序和行为方面全面的解决4A,所有这三项修炼都是必需的。企业必须尽快提升三项修炼,能够胜任风险管理,以便确保IT风险管理规划或执行中的漏洞被消除。那么它就应该努力工作,不断提升三项修炼,直至真正达到炉火纯青的境界。然而,刚才提到的例子表明,IT风险官可以选择侧重于某一项修炼以得到快速的启动,进而把全面的风险管理计划推行到企业的其他区域。

这就引出至少两个问题。对我的风险管理计划来说,哪项修炼最适合做中心修炼?对于每一项修炼,要达到胜任还是优秀?这意味着什么?

对第一个问题的简短回答是,企业应根据它们的文化,所处的环境,和自己的能力(不一定按此顺序排列)来选择自己的中心修炼。我们的目标是使实施风险管理(甚至只是想要实施风险管理)的整个企业感觉尽可能的游刃有余,以便它能够在三项修炼上尽快建立起胜任的能力。对于第二个问题的回答,让我们一起思考在每一修炼上达到合格胜任或者优秀的含义是什么。

合格胜任的基础架构

最简单来说,一个合格、胜任的基础架构是一个对于常见的攻击和失灵具有内在抵抗力的架构。这意味着,第一,堵住防护堤坝上的漏洞,即抵御攻击的基本保护和优先的控制应该到位,如第三章中所描述的那样。这也意味着,业务连续性计划已经预备好,不仅得到定期的测试,而且每年都得到更新;这还意味着该企业拥有一个技术基础架构,可供企业系统开发和规划引用;以及数据中心拥有一个有能力强大的流程,管理资产和日常运行。最后,这意味着,企业有一个高层次的规划,来更新和(或)淘汰复杂和老化的基础设施和应用软件,并且稳步的执行这一计划。这些举措和运行情况证明了,风险金字塔底部的各种因素均在企业的积极掌控之中。

这些条件中的任何一个缺失都意味着,重大的风险悄悄地溜入风险金字塔的底部。这就是说基础架构的修炼尚且不够,不具备胜任的能力。换言之,你很快就会知道你的基础架构是不胜任的、不合格的:当你要不断奔忙于"救火"之时;当不愉快的意外频频出现之时,如频繁出现的病毒攻击成功和计划外的系统停机;当你不断被告知你的IT应用软件和基础设施不能及时、效益良好的满足经营计划之时;总的来看,当酝酿大的变化之时,此时IT是一个障碍而不是一个助手。

短期来说只要合格胜任就足够了——足以减少救火的次数和修复堤坝上的主要漏洞。但是,企业应不断改善,以使基础架构尽可能的优秀。当基础架构修炼达到非常出色之时,除了已经提到的现象,我们希望看到对该基础构架坚持的坚决;这意味着企业有了一个精简的、标准化的、功能强大的基础设施和应用软件的基础,而且在没有对今后风险和成本影响做出前期分析之前,基础构架不会偏离企业的选择。我们也希望看到对精简的基础架构进行系统的、渐进的更新和小心的扩充,以及企业不断探索具有潜力的先进技术,以淘汰公司现有的基础构架,或给公司带来超越其竞争对手的潜力。

合格胜任的风险治理流程

一个合格胜任的风险治理流程要确保个人和部门的风险评估定期展开,从而企业就不会被风险偷袭;并且运行着一些机制,监督、确保遵守政策制度和处理例外的情况。要实现这些目标,必须具备:任命了专人管理风险治理流程;确定了正式的风险分类标准,并用词清晰地表述;建立了风险记录册,用来连续地记录和跟踪风险；使用一致的风险评估方法，并且至少每季度进行一次风险评估；建立了战术上的风险管理的最佳实践，正如第五章所述；建立了一个适当的多层次的风险治理安排，包括政策和执行委员会、高管发起人和一个负责监督的团队；建立了一个正式的流程，用来解决全部或大部分IT风险政策之外的例外问题。

合格胜任的风险治理流程的一个明显的主要指标是，所有层级的管理人员中可以准确地描述风险治理安排的人数所占的百分比。[5]不能清晰地描述风险治理如何运作的管理人员不会知道风险治理对他们有什么需求，当然也就不会知道风险治理流程运行的如何或者做了些什么决策。换言之，如果管理人员不能描述风险治理流程如何运行，它就可能无法发挥作用。

当没有人知道谁对它负责、风险分类和风险评估方法都没有标准化、风险评估和消除风险的措施都没有得到持续的记录、没有人敢肯定人们普遍遵守政策的时候，你就会知道你的风险治理流程是无效的、不合格、不胜任的。

当治理流程是作为中心修炼的时候，我们期待看到对现有的系统和正在设计和开发的系统，进行强制性的风险审查；风险管理被广泛纳入到业务流程中，例如对新的伙伴、服务供应商以及兼并进来的企业进行必需的审查；将IT风险管理纳入到企业风险管理委员会的管理中；以经营绩效提高的角度持续估量削减风险投入的效果。所有这些评判指标都是一些典型做法，意在为审计人员提供所关心的风险状况。这意味着合格胜任的IT风险治理流程会产生更好的审计。反过来，这也减少了大家的忧虑。这些做法声势浩大并且需要相当大的努力。对于大型金融服务企业、制药公司和其他一些把仔细计算风险作为一种生存之道的企业来说，这种努力是用一个相当小的代价来防止无限的风险。

合格胜任的风险意识文化

风险意识是一种关于价值观和信念以及由此产生的行为的文化。它不仅仅是了解风险是什么以及如何处理风险。当员工关心风险而又拥有高度的心理安全，当员工能公开谈论风险，能坦然寻求帮助处理风险——包括那些在不确定的结果中要做艰难选择的风险，这种文化就具有了合格的风险意识。

当企业文化具有风险意识时,风险讨论就成为高层管理人员制定决策时的一个不断的话题。例如,对新的业务举措讨论就包含对潜在IT风险的早期评估和有效缓解这些风险的建议;项目估算是现实可行,不存在为了避免误差而保留过高余量而导致灵活性的下降;项目成功的关键因素众所周知;并且对项目进行定期审查,以确保关键的成功因素自始至终得到维护。此外,当风险意识是合格的时候,这时所有的IT和业务主管不仅能够点出在其职责范围内的前三个最重要的IT风险,并且还能够描述为削减这些风险需要采取的步骤。而所有的员工可以指出最适用于他们和他们业务部门面临的IT风险,并能描述与这些风险相关的自身责任。

当员工们隐藏风险而不是谈论风险,即使是在被问到的时候;当项目的估算严重高估以至于工作似乎必须如此完成时候;当基础设施或项目失败,首先引发的是指责,然后才是解决方案的时候;当员工不能指出他们业务部门所面临的最重要的IT风险或不能说明他们能做什么以防止这些风险的时候;当他们看到某件可能是一个严重危险的事情,而他们不知道该给谁打电话的时候;当管理计划和战略不包括直言讨论风险和应急计划的时候,风险意识文化是无效的,不合格的。

与合格的风险治理流程类似,合格的风险意识仅仅是一个起点。当风险意识非常优秀时,组织中的每个人理所当然的都具有风险意识。员工们不会置风

表 7-1　分别总结了所有三个准则合格和优秀的特点

修炼	合　　格	优　　秀
基础	• 堵上堤坝中的漏洞。防范攻击的基本保护已到位。 • 合适的业务连续性计划,定期测试,年年更新。 • 数据中心拥有一个功能强大的流程,管理资产和日常运行。并且有固定的监测支持。 • 在所有系统的发展和规划中,企业拥有可供借鉴的企业和技术架构。 • 有一个高层次的计划,用来更新和(或)淘汰复杂的和老化的基础设施和应用软件,并且企业能稳步执行此计划。	• 对该基础构架坚持的坚决,并不断努力来简化基础架构。 • 对精简的基础架构进行系统的、渐进的更新和小心的扩充。 • 企业不断探索具有潜力的先进技术,以淘汰公司现有的基础构架,或给公司带来超越其竞争对手的潜力。

续表

修炼	合　格	优　秀
风险治理流程	• 一个多层次的风险治理安排到位。 • 任命了专人管理风险治理流程。 • 确定了正式的风险分类标准，并用词清晰地表述。 • 建立了风险记录册，用来连续的记录和跟踪风险。 • 使用一致的风险评估方法，并且至少每季度进行一次风险评估。 • 建立了战术上的风险管理的最佳实践。 • 建立了一个正式的流程，用来解决全部或大部分 IT 风险政策之外的例外问题。 • 各级的管理者都能正确地描述风险治理流程。	• 对现有的系统以及正在设计和开发的系统，进行强制性的风险审查。 • 企业不断测量降低风险工作的有效性。 • 风险管理被广泛纳入到业务流程中，如对于新的合作伙伴、服务提供商以及兼并或收购进行尽职调查。 • IT 风险管理已完全融入到企业风险管理流程和委员会的管理之中。
风险意识	• 员工能公开谈论风险，能坦然寻求帮助处理风险。 • 风险讨论是高层管理人员制定决策时的一个持续的话题。例如，对新的业务举措讨论就包含对潜在 IT 风险的早期评估和有效缓解这些风险的建议。 • 项目概算是现实可行，不存在为了避免误差而保留过高余量而导致灵活性的下降，项目成功的关键因素已是众所周知，并且对项目进行定期审查，以确保关键的成功因素自始至终得到维护。 • 所有的 IT 和业务主管不仅能够点出在其职责范围内的前三个最重要的 IT 风险，并且还能够描述为削减这些风险需要采取的步骤。 • 所有的员工可以指出最适用于他们和他们业务部门面临的 IT 风险，并能描述与这些风险相关的自身责任。	• 通过不同的方式，IT 风险和风险控制警钟常鸣，如定期公布风险指标和讨论风险相关的关键目标实现进展。 • 在他们职责相关的风险和控制方面，定期培训员工。 • 精简向高管层汇报风险事件的报告机制，以确保没有"拖延"或延误。 • 各个层级别的员工直接负责预防、查明和处理风险。 • 高级管理人员一定要在决策中考虑到 IT 风险的所有方面。 • 管理人员要看到未来，把对未来情形和相应的对风险的理解纳入到远景规划中去。

险考虑于他们的分析和决策之外。风险是他们所做的所有事情的自然组成部分。当风险意识非常优秀时，我们会希望看到通过不同的方式，IT 风险和风险控制警钟常鸣，如定期公布风险指标和讨论风险相关的关键目标实现进展；在他们职责相关的风险和控制方面，定期培训员工；精简向高管层汇报风险事件的报告机制，以确保没有"拖延"或延误。我们可以预见高管在他们的决策中会

全面地考虑 IT 风险——可用性、准入性、精准性和灵活性,而不是简单地以"短期方便"来置换"长期问题"。

最后,当风险意识非常优秀时,我们可以预见主管能够定期展望未来,把对未来设想的理解和相关的风险纳入其战略规划和战略举措中去。我们将在第八章对未来进行更详细的讨论。

影响中心修炼的文化、环境和能力因素

组织文化、环境和能力是选择企业中心修炼的最重要的决定因素。具体而言,哪一个因素是最重要的则取决于企业的具体情况。

我们将首先讨论组织文化,这是因为众所周知的事实:组织文化是很难改变的而且改变是需要时间的,而不是因为它肯定是最重要的因素(对于大多数企业来说它可能不是最重要的因素)。

组织文化的影响

我们在第六章中讨论了改变组织文化的困难。对于目前的讨论,这里要记住,与企业组织文化相冲突的风险管理修炼在任何企业都是没有市场的。只有至少其中一项修炼在企业得以应用,才可能由此推及所有三项修炼发挥作用。组织文化是可以改变的,但不会很快,或很容易,而且最成功的改变是自上而下进行的。

首先,促进将关注聚焦于风险治理流程上的组织文化是深思熟虑、有条不紊的文化。这种文化适宜于正式的合作,如委员会和工作组。它习惯于和有利于正式的监督和规定的程序;它习惯于记录它所做的一切事情。不管公开的还是秘密的,它都认同政策引擎的价值和质疑拒绝它的"捣蛋鬼"。经常会进行定期的审计。在这种文化中的业务部门和个人总是愿意以企业的整体利益处理企业和业务部门之间在目标、原则上的冲突。加拿大皇家银行,正如我们先前提到的,把保护客户的隐私作为核心价值主张,这就是这种文化的一个例子。由于监管机构和审计人员往往对结构、文件和正式的流程有要求,因此处在严

格管制行业中的企业几乎总是选择风险治理作为其中心修炼。

促进将关注聚焦于风险意识上的组织文化重视专业知识和技能，尊重咨询顾问和内部专家。而且业务部门的独立性和个人责任是重要的文化价值观。从整体风险及其可能的潜在后果看，这样的组织文化需要精益求精和专业技能，它明显是面向工程的文化。这类企业往往比以风险管理流程或基础架构为导向的企业更加具有企业家性质，它对各种产品、任务、宗旨和经营方式有更宽的适应性，而不是一个只包括高度集中的、标准化的业务经营流程。我们在这一章开始时提到的 EquipCo 公司认为风险意识修炼最适合自己的组织文化。

组织文化是有助于将关注聚焦于基础架构修炼的企业，它可能是一个旧貌换新颜的企业，刚刚重新塑造了自己（或目前正在这样做），或对它多年前的技术平台做出决定性的新选择并已坚定不移的贯彻。企业的组织文化、宗旨和方向紧密一致。此时灵活性是最为紧要，其次是高效率。这种文化的企业可能只提供少数几个不同类型的产品和服务，支持增长的业务模式是通过迅速复制已被证明了的流程和技术。在有关基础设施修炼章节中所讨论的 ChipCo 公司，是一个以基础架构作为中心修炼的明显例子。

有些文化与任何一项修炼都不是特别相容；而有些文化在本质上可以在 IT 和其他方面容忍非常高水平甚至是危险的风险，并且基于需要或者利益方面的原因，它把控制看成一种需要逃避或忽视的事。在过去几年中，许多这样的例子被报道。这类企业通常在发生一场灾难后采用严厉的风险管理，并且伴随着新管理层的进入，引入新组织文化。在这种情况下，风险治理流程可能成为中心修炼，而风险意识修炼紧随其后；治理流程使事物明朗公开，而风险意识则确保流程长期的得以一丝不苟的运行。

历史的影响

那些基础架构长期管理不善的企业或那些拥有大量、各式各样不必要的应用程序和基础设施的企业，会发现通过基础架构修炼改善存在的问题即可获得效益。但是把基础架构修炼作为中心修炼则往往是困难的。迅速转变基础架构所必需的投资往往数量太大，大多数的董事会很难接受。把治理流程或风险意识作为中心修炼通常较为容易而且花费较少,利用它们其中之一积聚推动的动力,促进渐进改善基础架构的投资。

EquipCo 公司的案例说明了如何把公司历史和文化结合起来推动企业向风险意识修炼方向发展。EquipCo 众多的业务部门都利用企业明确的整体化运作方式在全球范围内展开经营,每个业务部门都被鼓励按照自己的方式和利用自己所倾向的技术去获得成功。因此,EquipCo 公司的文化对来自集团的员工,包括对来自企业 IT 部门的员工都是很谨慎的,而且总体的基础架构是非常的复杂。由于这些原因,公司的 IT 部门认识到,无论是对风险治理修炼和基础架构修炼来说,高度集中的方法不是一种最优的选择。

然而,在 EquipCo 公司,对于其产品和服务来说,安全是价值主张的一个重要组成部分,所以 EquipCo 公司员工拥有丰富的安全知识。并且作为一个面向工程技术的公司,人们不仅尊重知识而且积极寻求公司内外知名专家的帮助。该公司的 IT 部门决定利用这一组织文化和安全知识来提高风险意识,然后利用风险意识来逐步提高基础架构修炼和风险治理修炼的有效性。

该公司的 IT 部门成立了一个非常能干的内部 IT 风险顾问小组,小组成员来自 EquipCo 公司的内部和外部——通过招聘经验丰富的风险专家,每一位专家在技术领域具有至少十年的工作经验,并且具有很强的人际沟通能力。这 30 个人组成的核心风险小组为业务部门的 IT 小组提供评估和削减风险方面的专业知识和服务。这个核心小组的成员还为每个业务部门的 IT 主管区分风险的重要程度和论证风险相关的投资。

没有设置繁琐的企业级别的风险管理流程,该小组只是制定一个有效的企业 IT 风险政策(例如,使用内部系统整合供应商系统的标准),供业务部门定制本部门程序时使用。此外,该公司的 IT 风险小组还积极地协助业务部门,帮助它们开发自己的风险专业技能。一项热烈的、由专门知识主导的风险意识促进运动和灵活的风险治理流程的结合也已经开始改善基础架构的风险状况。

随着时间的推移,该核心小组的行动提高了整个企业的认识,而且业务部门担负起本身的风险管理工作,这就减少了对于核心小组的需求。这就解放了核心小组,使它们能够创建更多正式的风险管理流程。该小组正在进行从实施风险评估向管理风险政策、流程和意识计划过渡的转型。该小组的活动在保持业务部门独立性的同时,提高了整个企业的风险管理和报告的一致性,并且提供所需的咨询和支持。

规模的影响

大公司倾向于利用风险治理流程来进行风险管理是有一些原因的。首先,流程有助于大公司实现规模经济;流程是它们非常了解并能有效管理的东西。其次,大公司拥有庞大的配备好的技术基础——无论品牌、型号还是状态都是各种各样,有很大的差异。它使得要以精简基础架构作为风险管理工作的中心修炼将耗费很大。因此,这些公司会迅速地将基础架构提高到一个能发挥作用的水平,然后集中精力利用另外一项修炼,积聚推动力以帮助逐步把基础架构提高到一个优秀的水平。流程也在逐步提高风险意识;随着管理人员参与风险治理流程,他们开始理解造成风险的条件和可以减少风险的活动,并且他们很乐意识别和共享有关风险的信息。

跨国企业往往利用它们的风险治理流程来使其全球风险管理水平实现最低限度的一致性,尽管我们已经看到风险意识(通常的形式是在全球发挥作用的"能力中心",如 EquipCo 所使用的那些)也具有这一作用。然而,除了少数例外,公司越大,就越有可能把风险治理流程作为首选的修炼。

规模较小的公司往往会以风险意识或基础架构引导风险管理,这取决于它们已安装基础的时间长短及其复杂性(即取决于相对成本和利用这些基础架构的难易程度)。以流程为先的风险管理会导致相对较高的内在消耗,这就抑制了那些资源很少的企业这样做。如果企业已经从成功堵住堤坝中的漏洞中获得了专业技能资源,那么较小的规模意味着沟通的消耗较少,那么把风险意识作为中心修炼是阻力最小的路径,那些拥有类似情形的企业也会如此。

行业影响(但不如规模的影响那么大)

任何被监管的公司一定有一些监管遵从规范的流程。直至本书撰写时,全球的上市公司财务报告制度,不论什么行业,日益受到类似于美国萨班斯-奥克斯利法案的监管。但是,当一个企业的核心业务流程和产品而不是其内部财务管理受到监管时——例如,金融服务行业要受新巴塞尔协议(Basel II)、金融现代化法案(Gramm-Leach-Bliley)和美国爱国者法案(the USA Patriot Act)的监管,美国医疗保健行业要接受健康保险流通与责任法案(HIPAA)监管——这些明确的表明风险治理流程是一个很好的中心修炼。监管意味着不断地审查,这类审查大部分可以通过一个可被观察得到的流程和流程伴生的记录文件实现。隐含的问题是流程占用资源,即使在受到严格管制的行业中,规模较小的企业不愿意在非营利的活动上投入资源。

也就是说,处于严格监管行业中的企业,如金融服务、医药品和卫生保健行业,尤其是大公司,大多数自然而然地倾向于风险治理流程。因为对全部文件和法定程序通常有强制性要求以及喜欢仿效先进企业,大型公共部门的企业也日益把重点放在它们的风险治理流程上。

处于成熟行业中的企业,如造纸、钢铁或保险,往往对现有的应用程序和基础设施做了大量的投资,在没有进一步扩展的投资情形下,基础架构的精简化势必困难重重。所涉及的庞大资金往往会阻止这样的行动,除非某一灾难性事件即将发生。(在一些保险公司,重置核心政策管理程序需要投资10亿美元或更多。)在这种情况下,一旦基础架构处于可以运转的水平,那么再以改善基础架构作为中心修炼是很困难的。

基于一些社会或政治的原因,一些行业或企业并不受欢迎,这包括从事征税或国防的公共机构,烟草等其经营许可证受到质疑的行业,他们的成功或者方法激发愤怒或嫉妒。在网络时代,这类企业不断受到来自个人,更多的是有组织的团体的攻击。例如,微软(Microsoft)每天吸引着八万多的外部探测和攻击。这么大的一个数字,仍然比每天攻击美国国防部的数字少很多。[6]一旦基础架构达到可运转的水平,对于那些正遭受不断的来自不同方向的攻击的企业来说,这时风险意识显得尤为重要,它将是一个有益的中心修炼。

地域影响

在某些特定国家和地区,其监管机构会把它们自己的监管要求强加于其管辖范围内的企业和(或)行业,包括美国的金融现代化法案、健康保险流通与责任法案、萨班斯-奥克斯利法案和美国爱国者法案；英国的特恩布尔报告（Turnbull Report）；欧盟的数据保护指令和世界其他地区的众多法案。大多数强制要求往往包含大量的记录文件，而这正是任何一个风险治理流程的显著特点。

地域也意味着国家或民族文化，而某些文化对特定修炼相对其他的修炼具有更大倾向性。例如，在高德纳公司对IT项目管理实践的调查中，澳大利亚几乎百分之百的组织都反映设置了一个项目管理办公室，来使用方法论和为项目经理提供支持；而在美国、欧洲、中东和非洲的企业，相应的数字大约是50%。[7]

能力影响（通常是首要的）

企业能力既是强大的动力又是阻力，但它们可以改变。能力并不一定需要企业从上到下的建立，因此它们比文化更容易改变。出于这个原因，我们认为，应该主要根据企业从哪个领域起步来考虑能力的问题，而不是它打算进入的领域，换句话说，它是作为对有效的IT风险管理和重点路径的选择进行规划的一个因素，而不是事实上的终点。

选择你的中心修炼

表7-2A、表7-2B和表7-2C所示的清单可以作为一种工具，用来思考分析那些决定你选择这项修炼还是那项修炼作为中心的因素。我们在这里要强调，选择中心修炼并不意味着其他的修炼就可以忽略不计。如果所有的三项修炼都没达正常能力的水平，IT风险管理就不可能真正的有效。我们只是说，通过把注意和努力集中在某些修炼上，企业可以借助于中心修炼让球滚动起来，并且利用其势头为改善其他的修炼提供动力。

有些因素显著的指明，某项修炼与企业的情况相符合，应该作为中心修炼；而其他一些因素却表明，另外一项修炼与企业的情况并不偏离，或许也可以成为一个很好的中心修炼。事实上，企业必须在三项修炼上都具备一定合格能力，才能全面地解决有关IT风险管理的组织、技术、程序和行为方面的问题，并且随着时间的推移，其中心修炼可能会随着环境和文化的变化而改变。

表 7-2A 风险治理流程检验表

同意？（打钩）	特 点	理 由
☐	我们通常利用委员会和工作组做出政策决定。	表明文化适应治理流程
☐	我们有正式的流程来解决政策的例外问题。	表明文化适应治理流程
☐	我们经常使用审计来验证我们的流程。	表明文化适应治理流程
☐	我们积极实施强有力的企业行为标准和原则。	表明文化适应治理流程
☐	我们的核心业务流程和（或）产品和服务（不包括财务管理过程）受到管制。	往往是把风险治理作为首要修炼的决定因素
☐	我们最近一直受到严厉的监管处罚，或者我们的管理人员由于道德过失已被起诉或开除。	往往是把风险治理作为首要修炼的决定因素
☐	我们的企业的收入（或公共机构的预算）大于10亿美元。	表明有足够的资源支持把风险治理流程作为首要修炼

表 7-2B 风险意识的组织文化检验表

同意？（打钩）	特 点	理 由
☐	专有知识或知识产权是我们成功的关键。	较为可能以风险意识作为首要修炼
☐	我们培养内部专家，如工程师，并认真听取他们的意见。	表明文化适应风险意识修炼
☐	我们考虑我们所做的任何事情的风险，并且在使用资源或决策之前。	表明文化适应风险意识修炼
☐	我们使用质量管理方法，如全面质量管理或品质管理概念来改进我们的行动和决策。	表明文化适应风险意识修炼
☐	我们鼓励业务部门开拓进取和勇于承担自己的责任。	强调业务部门的独立性与以风险意识作为首要修炼是一致的，但是与治理流程和基础架构相反
☐	我们的行业或公司是政治或社会活动分子的目标或犯罪分子的目标。	对活动分子或犯罪分子所重点关注的目标需要敏锐的洞察力
☐	我们鼓励各层级员工主动为他们的行动和行动的后果承担个人责任。	表明文化适应风险意识修炼

资料来源：© 2007. MIT Sloan Center for Information Systems Research and Gartner, Inc. Used with permission.

表 7-2C 基础架构清单

同意？（打钩）	特　　点	理　　由
□	我们拥有一个集中和标准化的技术基础（例如,全球范围内一个 ERP 系统）。	往往是基础架构作为首要修炼的决定性因素
□	我们公司新建或重建其技术基础的时间不到 10 年。	较为可能把基础架构作为首要修炼
□	我们的技术基础有详细的、每日更新的文件记录。	较为可能把基础架构作为首要修炼
□	我们有一个积极的管理过程组合,并能够保证不断的投资更新已安装的基础。	较为可能把基础架构作为首要修炼
□	我们有一个开发完善的架构,用来指导大部分或全部的系统合并和开发。	较为可能把基础架构作为首要修炼
□	通过标准化的业务运营来控制成本是公司的一个关键战略。	表明组织文化适应基础架构修炼
□	我们的企业制定了对我们的技术基础进行大幅度调整的计划或战略。	技术基础的更新提供了进入"绿色领域"的机会,强烈倾向以基础架构为首要修炼

资料来源：© 2007. MIT Sloan Center for Information Systems Research and Gartner, Inc. Used with permission.

在某些情况下,企业会发现他们的需求、环境和能力并不是一致的。举个极端的例子,如果你的首席执行官或首席财务官最近由于与费用有关的不当行为或渎职行为被起诉,而不管你将会选择什么,你的企业可能会被迫把重点放在风险治理流程上。如果有决心和资源,就能获得所需的能力,正如在前面的章节所述,比欧西集团获得了管理项目风险的能力和 PFPC 获得了管理其风险治理流程的能力。如果有必要的话,可以借助外部的专业技能和资源,利用、提高、加强现有的能力。

无论企业选择什么作为其有效的 IT 风险管理初始阶段的中心修炼,它必须在每一项修炼上都具备合格胜任的能力,并且不断努力直到所有三修炼都达到优秀。企业应该考虑把中心修炼作为一个暂时性的中心,它可能随着能力、需求和企业意愿的变化而改变。

比较两个现实世界的企业如何选择其中心修炼,应该会有助于说明

表 7-2A、表 7-2B 和表 7-2C 中清单列表的使用。我们首先分析舒尔公司（Shure）——一个世界领先的专业的消费者扩音设备制造商。该公司的麦克风，如作为行业标准的 SM57 和 SM58，几乎可以在每一个专业录音室和大多数的音乐会舞台上找到。（美国总统记者招待会所使用的领奖台就配备了这种 SM58 麦克风。）该公司是一家私人企业。Hoovers.com 报道舒尔在 2006 年销售额为 2.45 亿美元。

舒尔公司：IT 风险和小制造商

舒尔公司专利的知识产权的重要性是至高无上的。[8] "管理知识产权的风险是组织 DNA 的一部分，"前任 CIO 保罗·埃尔巴赫（Paul Erbach）说。"作为一家能保密的私营公司，我们有着悠久的历史。而且我们认为这是一种竞争优势。"舒尔的员工一直以来是由一群长期、狂热专注的员工组成，他们工作时设计和制造产品，在自己的时间里使用这些产品来制作音乐。这种情况正在改变，因为舒尔公司在中国正建立新的生产工厂。据埃尔巴赫说，"大多数员工的平均任期为 25 年至 30 年。现在，当我们在中国开设工厂，我们看到了在公司仅工作了 25 天至 30 天的人。"

有限的资源是实施最佳实践面临的挑战。"我们没有正式的管理风险的流程，或者正式的保安人员，"埃尔巴赫说。"但是，这已明确界定了的属于技术总监的部分职责。他是首席基础设施架构师、基础设施服务的主管和首席信息安全官。"改善公司对待风险的方法，意味着把责任推给所有员工。"当我来到这里时，当存在威胁时人们不敢关闭服务，所以我们建立了一些授权的机制。我们制定了非常基本的政策。我们有灾难恢复程序；我们已经实施了一项以三年为周期的外部审计；我们正在执行一项业务连续性计划。"

舒尔不是社会或政治活动分子的靶标，但它的品牌力量却吸引了以营利为目的的犯罪分子的有针对性的攻击。"我们的问题是存在着假冒的舒尔产品，"埃尔巴赫说。"这是盗窃知识产权，但其手段可能无法确定。这是经营的变化，比如在国外建立了一个新工厂，这促使我们重新思考我们的保护。"

表 7-3 是舒尔公司有关风险管理的决定性因素的概况。该表说明，舒尔决

表 7-3 舒尔公司的中心 IT 风险修炼的决定因素表

同意？	风险治理流程
☐	我们通常利用委员会和工作组制定政策决策。
☐	我们有正式的流程来解决政策的例外。
☐	我们经常使用审计来检验我们的流程。
☐	我们积极实施强有力的企业行为标准和原则。
☐	我们的核心业务流程和（或）产品和服务（不包括财务管理过程）受到管制。
☐	我们最近一直受到严厉的监管处罚，或者我们的管理人员由于道德过失已被起诉或开除。
☐	我们的企业的收入（或公共机构的预算）大于 10 亿美元。
风险意识	
☒	专有知识或知识产权是我们成功的关键。
☒	我们培养内部专家，如工程师，并认真听取他们的意见。
☒	在使用资源或决策之前，我们考虑我们所做的任何事情的风险。
☒	我们使用质量管理方法，如全面质量管理或品质管理概念来改进我们的行动和决策。
☐	我们鼓励业务部门开拓进取和勇于承担自己的责任。
☐	我们的行业或公司是政治或社会活动分子的目标或犯罪分子的目标。
☒	我们鼓励各层级员工主动为他们的行动和行动的后果承担个人责任。
基层结构	
☐	我们拥有一个集中和标准化的技术基础（例如，全球范围内一个 ERP 系统）。
☒	我们公司新建或重建其技术基础的时间不到 10 年。
☐	我们的技术基础有详细的、每日更新的文件记录。
☐	我们有一个积极的管理过程组合，并能够保证不断的投资更新已安装的基础。
☒	我们有一个开发完善的架构，用来指导大部分或全部的系统合并和开发。
☒	通过标准化的业务运营来控制成本是公司的一个关键战略。
☐	我们的企业制定了对我们的技术基础进行大幅度调整的计划或战略。

注释：作者对案例研究资料的解释。

定把风险意识修炼作为中心修炼，基础设施修炼则紧随其后，这是一个不错的决定。考虑到设计和制造产品的人的技能，舒尔是一家面向工程技术的制造商和高度重视设计制造产品的技术人员的企业。公司依靠员工的风险意识来保护自己的知识产权。舒尔长期的雇员不会对舒尔麦克风内的电子产品设计故意泄露，也不会袖手旁观他人这么做。

随着最近的一项 ERP 实施的完成和出于对未来成本控制的需要，舒尔公司明显有了第二个选择：基础架构修炼。公司的规模——收入远低于10亿美元——使得其治理流程修炼不太可能成为候选的中心修炼。在一家像这样规模的公司，IT员工不到50人，一个能力仅是胜任的流程确实是不够的，作为一家私人控股公司，尤其如此。因为与那些需要受萨班斯-奥克斯利法案监管的美国上市公司不同，舒尔公司不需要采用与控制相关的流程，其核心流程不受监管。

SAMPENSION公司：IT风险与中型养老保险公司

SAMPENSION是一家丹麦的养老保险公司，作为Kommunemes Pensionsforsikring A/S公司的子公司而成立。[9] 这是丹麦三家保险基金共同管理公司，资产大约150亿美元和每年收入9.5亿美元。汉斯-亨里克·梅杰（Hans-Henrik Mejloe）先生做公司CIO已有六年。"和许多公司一样，我们面临着同样的压力：为了适应客户的需求和管制的变化，要改善业务流程，我们才能符合监管的要求和保持竞争优势，"他说。"在90年代中期我们有太多的问题。大型机应用程序的开发耗时多年，并且政府管制法规的诸多变化造成许多困难，逾越这些困难看上去几乎是不可能。我们被迫做出根本性变化。"

从那时起技术平台已被转换过两次：从大型机到客户机/服务器的主从结构，并从客户机/服务器的主从结构到Windows平台。在这里没有超过8年的应用程序。主要保险业务应用程序必须专门设计和重写以保持足够的灵活性来支持未来五到十年的经营战略。

IT组织的决策基于一套13条的基本准则，以保证组织拥有基于整体组织的计算机架构体系模式、同质的技术和战略采购能力（包括在两到三年内可以脱离任何供应商的能力）。每一个项目都要走完正式的流程，以确保它能够遵守基本准则。IT人员被鼓励发展跨职能的技能。检测流程贯穿IT组织：像应用程序一样复杂多样的IT部门的测量标准和跟踪条款；固定费用；部门的业务知识和应用这些知识的能力；以及它的能力、动机和灵活性。

如表7-4所示，SAMPENSION公司的概况是既注重风险治理流程又重视基础架构。一般说来前者是大型金融服务公司所期望的，而后者不是。鉴于公司的规模和所处的行业，风险治理流程是可能的首要修炼，而基础架构是紧随其后的第二项修炼。

表 7-4　适用于 SAMPENSION 公司的中心 IT 风险修炼的决定因素

同意？	风险治理流程
☒	我们通常利用委员会和工作组制定政策决策。
☒	我们有正式的流程来解决政策的例外。
☒	我们经常使用审计来检验我们的流程。
☒	我们积极实施强有力的企业行为标准和原则。
☒	我们的核心业务流程和(或)产品及服务(不包括财务管理过程)受到管制。
☐	我们最近一直受到严厉的监管处罚,或者我们的管理人员由于道德过失已被起诉或开除。
☐	我们的企业的收入(或公共机构的预算)大于 10 亿美元。
	风险意识
☐	专有知识或知识产权是我们成功的关键。
☒	我们培养内部专家,如工程师,并认真听取他们的意见。
☐	在使用资源或决策之前,我们考虑我们所做的任何事情的风险。
☐	我们使用质量管理方法,如全面质量管理或品质管理概念来改进我们的行动和决策。
☐	我们鼓励业务部门开拓进取和勇于承担自己的责任。
☒	我们的行业或公司是政治或社会活动分子的目标或犯罪分子的目标。
☒	我们鼓励各层级员工主动为他们的行动和行动的后果承担个人责任。
	基层结构
☒	我们拥有一个集中和标准化的技术基础(例如,全球范围内一个 ERP 系统)。
☒	我们公司新建或重建其技术基础的时间不到 10 年。
☒	我们的技术基础有详细的、每日更新的文件记录。
☒	我们有一个积极的管理过程组合,并能够保证不断的投资更新已安装的基础。
☒	我们有一个开发完善的架构,用来指导大部分或全部的系统合并和开发。
☒	通过标准化的业务运营来控制成本是公司的一个关键战略。
☒	我们的企业制定了对我们的技术基础进行大幅度调整的计划或战略。

　　正如在所有事情中一样,在风险管理中一个企业也应把重点放在它的强项上,并设法逐渐减少其弱项。这意味着应该把注意力集中在适合企业文化和企业长处的核心风险管理修炼上,同时确保其他修炼至少是胜任的、具备一定能力的。同时它不断地稳步改善了所有的修炼。

　　就风险相关的修炼本身而言,没有一项风险修炼是足够的,但是任何一项风险修炼发挥作用都能改进所有修炼的有效性。一个有效的风险治理流程可以提高多个组织层员工的风险意识,提供一个论坛供各级经理人员公开讨论风险，并帮助寻找机会实施新措施来逐步改善基础架构。强调风险意识和与之相伴的文化，使得经理人员更加关注风险，并将它们报告给治理委员会，提醒他们对风险的关注和处理风险。这也使得经理人员更加充分地意识到将风险引入基础架构这一技术决策的严重后果。改善基础架构的努力，尤其是通过业务连续性管理和对开发项目的审查，不仅提高了风险意识和合作意识，而且还帮助IT人员和业务人员了解企业的IT风险的影响。事实上，一些CIO们提到，一旦基础架构和风险意识能有效发挥作用，风险治理流程在仍旧保持其优秀时可能变得不会那么严格和繁琐。

在开始阶段现时的能力是最重要的，因为组织需要学习它所需的专业技能，以便在先前困难的领域很好的实践它。最后，没有一家企业会满足于最低程度的努力，其中包括IT风险管理的努力。

这就结束了我们对于如何建立对现今企业来说是正确的IT风险管理能力的详细讨论。第八章中，我们描述了如何确保你的IT风险管理能力不断演进，以适应企业未来将面临的任何挑战。

第八章

展望未来

至此，我们一直专注于从企业全局来思考企业当前面临的 IT 风险和风险管理能力。但是，业务及其运作所处的环境已经发生了变化，这些变化导致了新的风险并且改变了过去风险的轻重缓急顺序。业务和技术变化的太快以至于不能依靠被动响应的方式来管理 IT 风险，因为被动反应式的管理是一种无效的管理，并且会导致大量机会的丧失和很多威胁的出现。

最为危险的风险是那些从来没有考虑过的风险或考虑得太迟的风险。如果被动反应式的方法对于企业的步伐来说过于缓慢，企业就必须向前看来预测未来的 IT 风险。

以正确的顺序展望未来

IT 风险就是与企业经营结果相伴的经营风险，业务和环境的变化将影响到企业的整体风险状况。风险管理人员需要一种方法用来检查即将发生的变化并采取适当的行动。因此，展望未来首先要检视隐含在公司的经营战略、环境中的 IT 风险权衡取舍策略以及根据 4A 制定的分析框架。审查的结果是制定一系列控制风险的策略。反过来，这些策略用来促使对三项修炼做必要的改变，如图 8-1 所示。

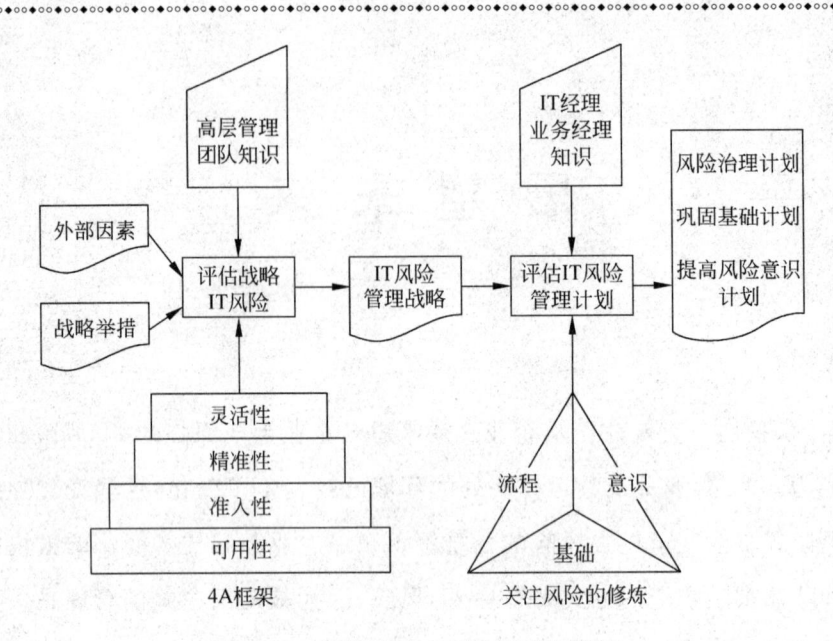

图 8-1 规划战略 IT 风险管理的顺序

认识外部因素与战略举措

本书不是一本关于战略规划的书,在此我们不会评论管理人员审查竞争环境和制定未来远景、战略和计划中所使用的方法。在本讨论中,我们假定企业已经有战略,并且其 IT 能力已被纳入到其战略之中(至少在某种意义上战略明确认可所需的最基本的技术能力,即使不能确切知道如何获得这些能力)。毫无疑义,IT 的高层主管应该参与这些讨论。

这些被管理人员用来识别和评估影响战略的潜在 IT 风险的议题,与第一章中所描述的用来确定高风险的轻重缓急顺序的那些议题是相同的,但重点是放在企业的未来及其将来所处的环境,而不是现在。这些讨论交流还是比较广泛和频繁,但这取决于战略和企业环境变化的程度。从现今大多数企业变化的步伐来看,每年对这些问题的讨论交流频率还是不够的。

关注外部因素变化的预警信号

讨论未来风险及其影响可以从可能广泛影响企业经营的最为重要的外部因素入手。这些外部因素可能是威胁,同时也可能是机会。高管团队的成员可以从对他们来说最为显著的外部因素下手。此外,他们还可以调动内外资源,分析识别这些目前尚未显露出直接影响的,而将来会有重要影响的外部因素。企业面临许多外部因素,它们各自对企业的影响(贡献)是不同的。

我们来探讨一个几乎影响每一个企业的带有普遍性的例子,监管法规变化带来的潜在影响。要记住,这种潜在因素只不过是许多影响 IT 风险的潜在外部因素中的一个。虽然有些公司在企业风险框架中把监管风险作为单独的一类,但是我们认为,就 IT 方面而言,监管的风险实际上是和风险 4A 特性相关的。举一些例子:

- 萨班斯-奥克斯利法案要求企业控制精准性的风险,该风险同样影响到对准入性和可用性危险的控制。
- 健康保险流通与责任法案,基于加州的州立法案 1386 的美国州立法律,以及诸如欧盟数据保护指令,强迫企业为了顾客的利益要控制隐私保护,这属于准入性风险的一种特殊形式。
- 大型金融服务企业面临更加严厉的管制法规,它强制要求防范可用性损失的风险,例如,数据备份的异地存储的要求;此外还有针对精准性的管制法案,如新巴塞尔协议和美国爱国者法案。

管制法规通常是用来应对已感觉到的对社会的威胁,因而这些即将到来的变化会发出明显的警告信号。例如,加利福尼亚州 1386 年法案的通过及实施(2004 年 7 月开始),以及最近对一系列消费者数据被盗案件的大面积报道,都是一个警告信号,对个人和处理个人信息的企业来说,准入性风险(特别是有关身份数据盗窃风险)都显著地增加了。由于 ChoicePoint 公司的工作疏忽造成 15 多万人的个人信息和财务信息在 2005 年 2 月被公开叫卖给罪犯,此时如果留意这种信号和调整业务流程以及相应的 IT 风险管理,数据经纪人可能已经避免了来自美国立法者的审查。[1] 对行业灵活性的潜在限制，至本书撰写时，又增加了美国国会将审批的两项法案——它们首次对数据经纪人行业的数据管理和信息安全提出了具体要求。[2]

　　同样地，如果技术失败的影响持续高频率发生并且日益严重，如在前言部分我们介绍的几个例子，那么这可能是IT行业的一个早期警示信号：对IT供应商、他们的产品和他们的服务（还包括它们的企业客户）实施管制的可能性增大。在这种情况下，至少有一个企业已经采取行动。微软对其可信赖的计算机信息处理技术行动方案的巨大（前6个月超过1亿美元）的和非常引人注目的投资，目的是为了改善其操作系统和应用程序的安全性、可靠性和隐私（准入性和可用性）保护，这可以被认为是设计好的战略响应，用来减少对微软作为领先企业所处的行业进行正式管制（以及由此产生的灵活性损失）的可能性。它也可以被看作是微软在努力扭转日益丧失的商誉，而这商誉来自于使用微软产品的企业和个人，也就是全球绝大多数的个人电脑用户。

　　正如微软的可信赖的计算计划，战略响应管制法规的外部因素的变化可能是很艰难的。但是如果没有一个完美架构的基础，每出台一个新的管制法规都会成为企业一个沉重的负担。

　　特别是当多年来为了降低成本，基础架构长期被忽视，这时用来解决可用性、准入性和精准性风险所带来的业务成本和IT成本，可能会大到足以改变企业的战略或重新改变主要计划的优先顺序（正如泰克公司和本书中的其他例子）。没有几家企业会为了响应萨班斯-奥克斯利法案而加快它们更替老化的应用程序的计划；至少我们知道有一家公司选择不去冒这个可预计的风险，坚持按计划实施ERP，尽管这样拖后了实施萨班斯-奥克斯利法案数年时间，而不是为了实施法案而做两次放弃（第一次是执行临时性的解决方案，第二次是ERP）。一些上市公司的主管选择了把他们的公司私人化，而不是采取必需的努力和牺牲来遵守萨班斯-奥克斯利法案。[3] 一些银行报道说，为了达到新巴塞尔协议的要求耗费了15%以上的IT预算——在一些案例中甚至是数百万美元（那些仅仅是IT成本）。[4] 这更加说明为什么企业要注意那些可能增加IT风险的外部因素的早期预警信号；当然也说明了为什么企业要考虑对基础架构进行投资——这样做能比较容易地应对必要的改变，而不是考虑临时的解决方案——这样做会使基础架构复杂化并且每次新监管法规出台都会要重建基础架构。

审视战略举措

虽然外部因素对 IT 风险有重大的影响,但是内部因素也一样重要。许多重大的战略举措,如建立新的伙伴关系(如外包、产品开发和买卖合资企业),提供新产品或服务,以及扩展新市场或发展新客户,都包含着重要的 IT 风险。我们这里更深入地探讨其中的一些例子。

各种形式的伙伴关系对 IT 风险都有重大的影响。IT 和企业服务的外包,如数据中心或呼叫中心的管理或应用程序的开发,通过把风险转移给那些管理更加有效率的合作伙伴,降低了可用性风险和灵活性风险。合资企业的目标是通过利用优势互补的各方来减少灵活性风险。这两种情况都可能为可用性风险、准入性风险、精准性风险打开了潜入之门,因此主管必须考虑如何消除这些风险。例如,外部合作伙伴对可用性、准入性和精准性风险的控制必须达到甚至超过内部控制标准吗?(通常的答案是肯定的。)如果供应链合作伙伴被允许访问公司的系统,那么它如何确保所提供的资料不会出现在竞争对手的手中?如何确保和检验合作伙伴遵守公司的标准?主管并不需要考虑这些问题的详细答案,但他们需要知道答案是否存在,并且通过支持风险治理、基础架构和风险意识的必要的改变来执行和实施这些答案。

当音频设备制造商舒尔公司在中国开展制造业务时,它降低了成本并扩大了生产基地。与此同时,由于出口有价值的知识产权——行业领先的麦克风设计——到一个对知识产权重视不够的地区,公司增加了准入性风险。[5] 控制这些风险意味着要在该公司的中国工厂中安装新的信息技术控制,如电脑辅助设计系统的安全插件,以便根据用户的职责控制对设计系统(或设计系统的部分)的访问。这也意味着舒尔公司要对麦克风设计的安全等级进行详细的分类,以此对员工进行培训,从而可以实现准入的控制。这对一些传统上主要依靠其长期雇员的忠诚度来保护其知识产权的公司来说,是全新的领域。

产品和服务所带来的一些新的或根本性的变化,特别是那些涉及新的渠道或应用了信息和通信技术的变化,也产生类似的问题。由于产品自身特点,或包含在产品,或支持产品的系统中的信息,新产品和新服务在多大程度给企业或客户带来了可用性、准入性或精准性风险?例如,当一个金融服务公司为客户提供了可进入访问的电子账户时,公司如何才能确保自身和其客户的安全(换句话说,如何才能减少准入性风险到可以接受的水平)?客户期望公司这样做吗?竞争对手也有如此期望吗?如果公司没能达到这些期望,又会发生什么情况?例如,一些企业,如美国银行(Bank of America)和雅虎(Yahoo),除了典型的账号和密码方式,已采取步骤改善在线的准入性风险。[6] 现在它们允许其客户选择一个出现在公司的网页上的自定义图像,该图像只有该公司和客户知道。如果顾客没有看到图标,他们就知道有什么地方出错了,于是在提交个人或账户信息给诈骗网站之前,就可终止对此网站的访问。

再来看看可用性风险:公司能否确保为客户在线浏览账户提供全天候的服务呢?这种可用性保证对企业来说是否是全新的呢?现有的基础架构支持它吗?

当开发一个新产品时,如果公司销售将用来储存重要个人信息的智能设备给客户,它能保护设备中的信息吗,即使在设备丢失或被盗的情况下?如果该设备包含允许用户进行无线通讯的技术,公司可以保护设备和它的所有者免受不必要的或有敌意的通信吗?客户将期望得到这些保护吗?竞争对手将能够为他们做出这些承诺吗?

在新的或更新的产品或服务推出时,试问和回答诸如此类的问题,能够为客户和公司防止未来的不良后果。在 2005 年年末,一个独立的计算机安全专家向世界宣布,索尼(Sony)音乐公司,为保护其音乐光盘免遭未经授权的复制,已经在光盘中嵌入了一种"木马",即一种计算机代码,它秘密取代了播放光盘的个人电脑操作系统的关键组成部分。[7] 由于存在非法复制索尼光盘的情况,木马的目的是让索尼公司暗中监视被修改过的计算机。令有关各方感到不幸的是,木马给那些犯罪的黑客实现自己的犯罪目的提供了轻易控制受感染的计算机的手段,并且很多顾客都发现,从他们的机器中删除被修改的操作系统元件是非常困难的。一经披露,此事件引发了全球的安全专家、新闻界、索尼的顾客和其他音乐爱好者,以及政府机构(包括美国国土安全部,认为这一事件与国家安全可能有关系)对索尼的反对,引发多起对索尼的诉讼,在本书撰写之时,其中有一些尚未得到解决,它还损害了公司的声誉和音乐界打击盗版产品的努力。看来该公司在制定阻止越来越多的知识产权盗窃的战略举措上,没有仔细考虑其中对自身的、它的客户及其行业的潜在 IT 风险。

新的市场或客户可能涉及不同管理体制下的企业,而这些管理体制对风险有着不同的容忍程度。速度的问题比客户服务更重要吗?成本或市场进入问题比隐私(如第一章描述的虚拟服务公司所考虑的对风险权衡取舍)更重要吗?一家保险公司启动销售它们新的可变寿险产品行动时,由于其老龄化政策管理系统不能及时地提供该项目的投资组成准确的报告,引发了它与证券交易委员会的冲突。在这种情况下,唯一可以接受的解决办法是投资升级系统。在这个企业实例中,如果较早地进行了审查,精准性风险和灵活性之间权衡取舍所产生的影响会更容易得到管理。

2001 年 4 月,亚马逊公司(Amazon.com)宣布对其隐私政策做具有追溯权的修改,该政策允许向选定的商业伙伴分享客户资料,包括有关客户购买的资料。客户可以选择以后不与亚马逊合作,但这不会阻止该公司以它认为的适当的方式使用已收集到的数据。显然亚马逊公司愿意以这次行动承受这经过精心计算的风险。[8] 当谷歌(Google)把它的业务扩大到中国时,该公司发现中国政府对中国公民关注的一些地方的无限制搜索功能持有一种悲观的观点。谷歌决定对中国用户实行独特的搜索限制来满足中国政府的要求,这一决定对可能被排除在世界上增长最快的市场之外的灵活性风险,在准入、隐私权和言论自由(可能的话,该公司自己所珍视的格言:"不要作恶")上与西方民主社会标准不同而可能(和确实)会产生骚动之间做了权衡。[9]

对新的战略业务计划中隐含的可用性、准入性、精确性和灵活性风险的审查,加强了主管团队处理混合的 IT 风险的能力。主管团队可以清晰认识到对成功来说必不可少的权衡和不可预见的费用,并且认识到这些调整一定是为了适应目前 4A 框架下的风险。下一步是什么?其后就是企业必须将这些战略转化为 IT 风险管理计划中的一系列举措,其中包括风险管理三项修炼的变化:基础架构、风险治理流程和风险意识。

透视三项修炼

实施一项 IT 风险管理战略意味着将该战略融入到企业的基础架构、风险治理流程和风险意识的计划中,即三项修炼:

- 就基础架构而言,将新的 IT 风险战略和目前的基础设施与基础应用程序以及支持它们的员工和流程相比较。如果期望的能力和目前的能力之间存在差距,管理人员就必须解决差距或改变风险管理的战略(和可能的战略措施)。例如,如果风险不能被基础架构吸收,企业可能需要按 4A 框架调整其对风险的承受或修改为客户、分销商或公司最初提供的价值主张。

- 就风险治理流程而言,治理机构各级必须知道新的轻重缓急顺序。决策制定机关可能需要更改政策或制定新政策,或授权和批准新项目的投资;执行委员会可能需要定义和执行新的标准,或修改现有的标准,并且跟踪这些行动的进展情况;监测机构可能需要确保对评估系统的标准进行更新,以符合修订的政策和标准的要求。风险评估程序可能需要变更,使用这些程序的管理人员可能需要接受如何实施这些变化的指导。

- 就风险意识和风险意识文化而言,受影响的员工必须被告知新的风险轻重缓急顺序和所依据的理由,以及各级管理人员必须以言行表现支持。

OSF 医疗保健公司的案例让我们看到三项修炼发挥作用取得的众多成果。[10] OSF 是一家价值 25 亿美元的企业,经营着一个位于伊利诺伊州(Illinois)和密歇根州(Michigan)的卫生保健设施网络。迈克尔·瑙曼(Michael Nauman)作为公司的 CIO 已有四年;在担任这一职位之前,瑙曼是 OSF 最大的一所医院的运营管理人。"在 2000 年,大多数 OSF 的 IT 资产都用在营收周期,"瑙曼在 2006 年年初告诉我们说。"从运行来看,IT 基础需要大量的投资,以跟上各种将来不久会出现的监管问题。"除监管之外,其他一些外部因素也在推动 OSF 和行业进行改变。改善服务质量和降低成本对医疗保健行业产生了越来越大的压力,企业对IT的重视已经从传统的管理系统转向利用IT支持临床工作,如诊断领域。

尽管大家普遍认为对基础做重大改变是必要的,但是OSF的领导团队仍然需要花费时间达成共识。"目前我们正在使用的技术被视为向临床应用转变的障碍,"瑙曼说。"IT性能差距是绝大多数讨论的重点。这是高层领导头脑中的主要障碍。从战略意义上说,这是一个公正的看法。按照我们的支出水平,我们的环境质量应等同于行业中的最优秀的企业,而恰恰相反的是我们处在最差的企业中。我们知道IT已经落伍,我们需要重新努力为行业解决方案提供资金,来解决我们的临床需要,使我们在未来成为护理技术中的领先者的梦想成真。"另一种选择导致了日益增加的灵活性风险,而这源于没有很好地解决推动整个行业的效率和效力问题。

2001年,一个由医院的高级领导人组成的小组,包括瑙曼,评估了应用系统的组合情况,并开始筹划8,000万美元的项目来更换遗留下来的基础设施和应用系统。项目经过深思熟虑并得到董事会批准,之后,该小组的职能是充当一个组织委员会,来确保不断地管理支持和进一步降低项目的风险。

简化基础架构需要做出重大的改变。"我们的战略从'最佳品种'变成了'最佳组合',"瑙曼说。"在OSF,我们的IT投资都是切合实际的并得到跟踪管理。我们需要稳定性、可靠性和效能。关于作为核心的医院信息系统,我们所需要的东西是它的支持要从规模50张病床的医院扩充到750张病床的医院。我们把六个并不关联的数据库管理系统整合成为一个。我们更换了服务提供、资源管理和收入周期这些基本的大的存储设备。所有收入周期系统被人民软件(PeopleSoft)取代。我们替换了支付系统和挂号系统,并把它们与临床和辅助系统整合起来。"

管理者利用治理和风险意识计划改变组织文化,而且保持不断简化基础架构至简洁和较低的IT风险。据瑙曼说:"我们从一个在系统中以多样性为显著特点的IT文化,转变成为另一种文化,在这种文化中你需要表明,在你能够选择一个非标准的方案之前,我们所选择的标准技术不会做这项工作。"

随着新的基础架构的到位,管理者把目光投向了更远的未来。"我的运营预算,现在是占全部组织运营预算的3.8%,"瑙曼说。"在2001年,这一数字是

3.9%。尽管我们支付的数目大约相同,但用户所支持的设备的数字却增加了1.5倍而且设备的质量更好。我们能够为我们的业务和临床需要提供更好的解决方案,但是我们现在必须进行转变,以便能够帮助我们的业务部门预测新的技术需求,并协助他们规划未来,未来这种技术在支持我们的护理业务的决策方面将发挥重大作用。我们需要多做一点前沿的工作,以便让我们可以继续提供创造性的解决方案,并与技术创新的步伐保持一致。"

没有任何企业或其所处的环境是一直静止不变的,同样也没有风险管理战略是可以永远适用的。大多数企业不断地做出战略性转变,并且它们的IT风险管理战略必须被定期审查以适应这些变化的影响。

从本质上来说,展望未来意味着提出问题以探索新路。这包括:企业计划以何种方式与其客户、竞争对手、合作伙伴和环境相处;理解交易中所包含的当前IT风险的变化;确保企业采取后续行动以减少暴露在风险环境中。归根结底,这又是一条新路,它确保企业已经采取谨慎措施避免突如其来的危险所带来的影响。

到现在为止,我们已经完成了对于两个框架——4A和三个核心修炼的详细讨论,这也是有效的IT风险管理的基础。在最后一章,我们将以高管改善IT风险管理十大策略简要地总结一下这些概念。

第九章

高管改善风险管理十大策略

生日宴会常常给人意外的惊喜。所有的伏击也是要出其不意。IT风险，更像是遭遇一场伏击而不是生日宴会，出人意料地出现。如果你的风险管理能正常发挥作用，你很少会被你企业的技术问题伏击，让你惊慌失措。如果你频繁地遭遇这种不愉快的惊慌，或你已经对IT表现不力甚至失灵已经习以为常，那么你的IT风险管理已经失效，你需要在遭遇令你更大惊讶的危险之前修复它。

在本书我们已经详细介绍了两种重要而相互支持的风险管理方法，帮助企业获得竞争优势。风险的4A（可用性、准入性、精准性和灵活性）代表了企业受IT风险影响最紧迫的四个方面。从风险4A特性方面对风险的分类和评估有力的支持组织迈向成功。企业高层领导能够以管理其他风险的方式游刃有余地管理IT风险：通过做有根据的经营方案选择。

但这仅仅是开始。谈论风险并不等同在管理风险。整个组织利用包含在基础架构、风险管理流程和风险意识三项核心修炼之中的能力管理风险。基础架构修炼消减了基本性的IT风险。它包括经高层主管探讨了风险4A特性后的风险权衡置换策略和对风险的承受：给某些流程比其他流程更高的优先排序，提供更加总揽全貌的或更细分的信息，推行标准化或具体灵活性。风险治理流程让所有层级的管理人员都能按4A特性识别和评估风险，确保风险得到正确的管理。风险意识建立了对风险的承受力，它是经管理层讨论认定的，帮助所有的员工认清风险环境，避免冒失行为，联手共同承担理智的冒险行动的责任。

风险4A特性框架和三项核心修炼建立了有效的风险管理，不仅今天适用，而且在未来也将继续发挥作用。在第八章，我们阐述了未来一些重要趋势对IT风险的影响和如何用4A特性框架和核心修炼来应对它们。最后，我们总结了一个高层主管改善IT风险管理十大策略的简表，并以此结束本书。

1. IT风险即业务风险

所有的IT风险都会对经营业务产生影响。一些小事常常是发生更大事件的信号，一系列小的IT风险决策会产生对企业影响更大的风险。可能会给企业带来严重后果的潜在技术失灵绝非小事，无论它是如何常见或普通。管理风险——包括IT风险——是每一位高管不可推卸的责任。风险应该成为所有IT管理活动议题的组成部分。

2. 以4A特性从长期和短期两方面思考风险

一些局部的短期决策会给整个企业带来长期的影响。IT风险的决策影响会随着时间推移在风险的4A特性上表现出来。没有从4A特性上分析风险对企业的长期影响，高层主管们是不可能理解IT风险的真正含义的。

大部分技术决策无论是有意或无意都存在着在4A特性上的权衡取舍。如果高管们不能清晰地表明他们对风险的权衡取舍和承受度，下级员工只能依据以前决策的假设来制定当前的决策。现时就理解清晰和争论清楚这其中的权衡取舍，胜过以后被某人的决策的结果惊吓。对于那些"标准运营程序"可能不适合的快速增长企业或正在进行变革的企业，这一点尤为重要。

3. 堵住堤坝上的漏洞，预备迎接更大的洪水

削减IT风险的第一步是确保现行的基础架构足够牢固。持续滴漏或裂缝会冲垮即使是很牢固的基础。从业务连续性管理入手，它是拉动列车的火车头。它识别基础中的问题，改善整个企业的风险治理流程和风险意识，降低不可避免的事故可能的影响。与此同时，识别和堵住那些由于不慎、无意、不良结构和缺乏控制造成的明显漏洞。利用IT审计彻查差距，控制和实施行业最佳

实践都是启动流程的良好途径。

4. 精简基础架构

一个精干的基础构架能运行得更好，能显著减少自身和运行成本，更加富有弹性，较少出现失灵，一旦失灵也能更容易地修复。加固和简化基础设施，并实施标准化。仅仅财务上的回报就值得企业精简基础设施。

基础设施的精简可以在 CIO 的控制下很快地展开，它几乎不会对业务流程造成干扰。简化应用程序会相对复杂，因为应用程序与业务流程紧密相连。当与企业现行应用程序伴生的风险比变更这些应用的风险还大之时，一场迅速的转型——快速地替换所有的应用程序，承担其中所有的风险和对组织的冲击——可能就要列入日程安排之中。在大多数情形，简化应用面临较小的直接压力，企业可以逐渐替换它们，一次一个项目。

5. 创建风险治理结构和流程：将风险管理融入所有的业务流程和决策之中

IT 风险管理核心的两难困境，是最有能力从企业层面制定风险的权衡置换决策的那些人却最缺乏从企业层面理解风险或解决具体风险的能力。在企业深层的管理人员拥有识别和解决风险所需的知识，但缺乏企业层面视野的认识，而高层主管却是恰恰相反。缺少风险治理流程，就如同盲人永远无法认识大象，有着不同风险承受力的人永远不能达成共识。通过将 IT 风险管理融入决策流程，企业可以避免遭受风险的突袭，可以承担更多的风险，从而抓住更多的机会，更有信心。风险治理流程为企业各个层级面临的所有风险提供了一幅全貌图，因而决策者们能够比较它们，决定如何处理它们，看到它们被控制住。风险治理流程还建立了一种判断意识和控制力——它树立了自信心：无论是企业外还是企业内，风险都得到了恰当的控制。基于这些理由，风险治理流程——包含所有的尝试、投资、人员和所需的政策——并不是繁文缛节的多此一举。它保持一切事情井井有条地开展，风险管理成为经营业务的一部分。

6. 让所有的员工正确地领会与他们最为相关的风险、弱点和政策

员工不知道、不理解 IT 风险的企业是脆弱的企业。无论企业的使命或文化可能是怎样的，本质上现代技术的力量是无穷的、是可以被分享的。在各个层级的员工必须知道如何安全地使用 IT，什么对他们可能是危险的，还必须知道他们的责任、政策和标准如何减少脆弱性，以及当危险来临时（如基础架构出了故障或合同商对行为不负责）该做什么。企业必须坚持不断地改善风险意识，使具有风险意识的行动成为日常生活的一部分。培训和频繁的沟通是必不可少的。我们的统计研究表明，风险意识的培训与降低风险 4A 特性的每一方面都是显著相关的。企业不同位置的人需要了解 IT 风险不同的部分，但是所有人必须知道风险的存在。

7. 建设风险意识的企业文化

不能感到安全地讨论风险的文化不可能阻止风险。它唯有承受风险的后果。风险厌恶型的人总是回避共享风险信息，当风险超出其个人的控制就会引发严重的事故。他们不愿意承担有益的经营风险，使灵活性风险增加。

具有风险意识的企业文化始于企业高层。唯有企业高层主管能建立这种文化：企业员工都能坦然自由地公开谈论风险，承担计划的风险，共同努力将无法接受的风险降低至可接受的水平。高管们要做到这一点，就要定期讨论风险问题，公开奖励具有风险意识的行为，用自己的言行表明风险意识就是企业文化的组成部分。

8. 测量有效性

由于有了 IT 风险管理项目，你无法检验永远不会发生的事；但是你能测量你投入努力的程度，事故出现的频率和对业务的影响程度，关键风险指标，一般

的风险意识水平和具体职责人的风险意识水平，以及企业通过改善 IT 风险获得的灵活性。服务水平和业务效率不会成问题，弱项、漏洞和风险会成为问题。利用测量考评促进风险意识提高、流程完善和基础精简；向企业内外证明有坚实基础支持的风险管理能力和经营绩效每天都在改善。

9. 向前看

精心设计的风险管理能力使企业具有更大的灵活性，因而能勇敢面对未来。但是未来的许多变化会对企业的风险状况产生影响，需要对风险的承受度和权衡取舍作调整。在考虑未来的趋势或实施一项新的重大举措时，一定要探讨风险的 4A 特性将会受到怎样的影响，三项修炼应该如何改变适应变化。不要断言未来；要想象未来和可能引发的风险，制定和实施有助你走向辉煌的战略。

10. 做个好榜样

高层主管为他们倡导的文化设定了基调。领导必须通过自身的言行向企业所有员工清晰地表明要坦然面对风险。所有的员工，不论其职责说明是怎样的，都能够为同事树立榜样：当风险出现时，敲响警钟和坦承自己关心的风险，在需要支援的时候就请求帮助。以能证明风险管理的真实行动为榜样是劝说怀疑者的好方法，它让怀疑者知道风险管理并不是义务繁多的额外负担，只不过是经营业务的一部分而已。

在企业没能控制住 IT 风险之前，那些依靠 IT 支持的业务流程所代表的价值也就自然而然地处在风险之中。在几乎所有业务流程和关系需要 IT 支持的世界里，管理 IT 风险面临的危险远远多过企业在技术上投资的美元。

一些高管每天都有讨论风险。每一位成功高管能承担风险和管理风险，从而获得高于平均水平的回报。而另有些人不乐意谈论风险。对风险的讨论是迫不得已和令人很难受的。讨论总是在非最优的结果之间做选择，参与者也得不到足够的信息。

我们不能承诺这本书会帮助你喜爱谈论风险,但是我们希望我们提供的工具和案例会使你在做这些交谈的时候感觉更加轻松。毕竟正是这些谈话使得风险管理从令人畏惧的迫不得已的事情转变为企业竞争价值的源泉。那些纯粹以逃避风险心态——这是适合对待那些有毒的化学品或准备综合财务报告的——对待 IT 风险的高管们会拱手将企业价值让给那些逃避心态较少的竞争对手。

如果 IT 风险被当作一种必须顺从和逃避的问题处理时,那么它仅仅是一个要管理的成本问题。但是,如果 IT 风险被以正确的方式对待时——建立风险管理的三项修炼和利用风险 4A 特性模型探讨业务中的 IT 风险——那么它就不只是这些了。它在三个方面产生经营价值:减少对 IT 的"救火"奔忙,使 IT 基础更加有效率,使企业能抓住有价值的经营机会,而这机会可能是竞争对手觉得风险太大而不敢尝试的。

换言之,能有效管理 IT 风险的企业不仅是更安全的企业,还是更灵活的企业。因此,我们祝愿你们能从 IT 风险中获得竞争优势,取得成功。

译后记

乍听 IT 风险这个词,对于中小企业实战派的经理们,很多人会觉得很陌生、很学术,似乎与中小企业管理的现实比较远。在中国,企业管理者更愿意谈 OA 平台应用的深化、上 CRM、ERP 等。再走远一点的管理者会关注到企业的 IT 信息安全。似乎 IT 风险还不是中小企业管理实战派所要关心的。而且,本书中大量的实战案例大多是经营规模较大的企业的案例,似乎印证了 IT 风险对中小企业来说不甚重要。

事实并非如此。在此,举一些现实生活中的很小的例子。某天当你呼朋唤友在某一餐馆就餐,看着服务员手持电子点菜 PDA 为你点菜时,你会很欣慰的说这家餐馆 IT 应用在管理上先人一步;可接下来,当餐馆的电子点菜系统出了故障,点菜服务员不知道价格无法给你下单,许多你没有点的菜被送上桌来了,你点了的菜却在你为他们给你算的糊涂账恼怒、准备结账离去之时被送上桌,你对他们的管理又做怎样判断呢?这就是本书阐述过的 IT 风险中的可用性问题引发的销售现实问题。

在企业盘账时,你会发现来自销售部门的数据与来自仓库管理部门的数据总是对不上,原因虽然每次不同,其中大家统计的口径不一就总是会出现。这是 IT 风险的精准性问题带来的内部管理问题。

中小企业成长很快,兼并整合是中小企业发展壮大的重要路径。举一个我经历的例子。我曾经就职的一家企业花了两年多时间终于把公司的包括有 OA、CRM 与财务系统等一整套信息平台打造好,刚刚发挥作用不久,企业迅速扩张兼并了两家企业,如何整合原来三个不同的系统平台,升级企业信息系统的问题成为兼并后最艰巨的难题。它涉及的不仅仅是原来三个独立系统的投入成本和再建一个统一系统平台的投入,更牵涉到企业结构、运营每一个层面的流程和公司的经营战略,公司里从最底层的销售人员到 CEO 高层全被牵扯进来。此时此刻,企业面对的挑战就是IT风险的灵活性问题。它攸关企业的未来。

  IT安全问题,中小企业的经理们可能更多以为这是类似网络银行的企业需要关注的重点。殊不知他们忘记了存在公司那台很小的服务器里的客户信息、合同、技术资料是公司最为重要的一部分财产,稍有不慎,就如同大公司一样不仅造成财产损失,还会对公司的商誉和销售造成不利影响。例如,淘宝上的一些商家对自己的安全准入系统管理不严,导致客户付款被盗,不仅损失货款,还直接降低自己千辛万苦积累下来的商誉。

  像上述发生在中小企业的IT风险的实例可以举很多。事实上,中小企业成长快,应用现代IT技术更多、更新,不得不面对更多的风险。而中小企业的弱小、脆弱很难承受风险演变为灾难的打击。因此,中小企业的领导人应该高度重视、管理IT风险,不仅规避一些风险,而且能化风险的威胁为企业成长的机遇。

  中小企业的管理者在理解、管理IT风险上应该与大企业有所不同。本书的一个重要亮点就是它提供的是一个IT风险分析框架(IT风险的4A)和管理模式选择(三项修炼),而不是一个简单的管理模式。无论大企业还是中小企业都可以利用分析框架,认识自身的IT风险,选择适合自身现阶段的修炼或修炼组合。而且,本书还特别探讨了对于资源较少的企业的IT风险分析和管理模式的路径。以译者在中小企业的实战经验,译者认为本书不失为中小企业管理IT风险的捷径锦囊。

  翻译工作并不是一件易事,特别是商务印书馆出版的经典书,对翻译质量的要求高而严格。但是,在翻译经典著作中,能吃透作者的思想,从而能极大提高自己的认识水平。对于提高管理实战来说,实际上走了一个捷径。这是译者从翻译书获得的最大收获。在翻译本书时,我在一家企业做一线的实际管理工作。因此,翻译只能在工作之余来做,实际上很多章节是在出差往返的飞机上完成的。翻译书占据了工作之余的大量闲暇时间,在此特别感谢我爱人刘焱,她给了我莫大的支持。翻译书的进程由于企业工作的影响推后了不少,所幸商务印书馆编辑李彬老师、涂茞原老师的认真、严格督促，我才能坚持完成此书。此外，中国人民大学的一些研究生对本书的翻译工作亦有贡献，在此一并表示感谢。

由于本人的学识水平所限，翻译中难免有错误，欢迎读者来函批评斧正。联系地址：peakshen@hotmail.com

沈　峰

注 释

导言

1. Stephanie Overby, "Bound to Fail," *CIO*, May 1, 2005; and Bob Driehaus, "How It Happened: Onslaught Overtaxed an Old Computer," *Cincinnati Post*, December 28, 2004.

2. 如上。

3. 如上。

4. 如上。

5. 本书中的泰克公司资料取之于 George Westerman, Mark Cotteleer, Robert Austin, and Richard Nolan 等写的案例研究。"泰克公司 Global ERP Implementation," Case 9-699-043 (Boston: Harvard Business School, 1999) as well as the case teaching note, Robert D. Austin, "Tektronix, Inc.: Global ERP Implementation," Teaching Note 5-602-078 (Boston: Harvard Business School, 2001), and Tektronix Annual Reports from 1999-2001。

6. Robert McMillan, "Troubled CardSystems to Be Sold," *InfoWorld*, September 23, 2005; "CardSystems Sold to California Company," *Atlanta Business Chronicle*, September 23, 2005.

7. Dale Buss, "Nightmare," *Context Magazine*, Spring 1998.

8. David Hencke, "Revenue Lost Up to £2bn in Tax Credit Shambles," *Guardian*, November 20, 2003.

9. 向公众曝光传播 IT 风险事件还是一个新现象,这是全球通信发展和公司及个人信息透明度不断提高的结果。正如理查德在他同名书中所说"世界无秘密"。Richard Hunter, *World Without Secrets* (New York: Wiley, 2002)。

10. 我们的调查分析表明,这些因素在统计上与 IT 风险增加显著相关。在第三章至第六章,我们会展开详细讨论。

11. Eddie George, *Report of the Banking Supervision Inquiry into the Circumstances of the Collapse of Barings*, Ordered by the House of Commons (London: Her Majesty's Stationery Office, July 1995)。

12. Westerman et al., "Tektronix, Inc."; Austin, "Tektronix, Inc." Teaching Note; and Tektronix Annual Reports from 1999-2001.

第一章

1. 许多卓有成效的 CIO 和其他的一些 IT 主管能够从经营角度考虑技术问题,发现 IT 决策会给经营带来怎样的困难或效益。但是,较低层的 IT 人员经常在此会遇到问题。而且,很多

注释

关注经营的 IT 经理从纯经营角度探讨 IT 风险也有难度。这正是本书的目的之一：帮助经营人员和 IT 人员找到共同语言，用共同语言探讨 IT 风险以及随后产生的经营影响。

回顾过去，我们可能会就 1997 年凌晨 2 点互联网所提供的现场支持的重要性有不同的意见，但是，终究而言，这不是由我们来判断。从经营角度讨论 4A 的可能性和影响，能够帮助经营人员与 IT 人员共同工作，在风险上做相应的权衡取舍，而不是仅仅考虑成本。为了满足各方的需要，决策要能平衡各类风险，这一点显然比择优要来得重要。

2. 4A 分析框架的原型构架，起初由 George Westerman 开发，参见 "Understanding the Enterprise's IT Risk Profile," Research Briefing IV（1C）（Cambridge, MA：Center for Information Systems Research, MIT Sloan School of Management, March 2004）。在随后许多发表的材料中，构架得到了细化，例如 Richard Hunter, George Westerman, and Dave Aron, "IT Risk Management：A Little Bit More Is a Whole Lot Better," 研究报告（Stamford, CT：Gartner Executive Programs, February 2005）；和 George Westerman, "IT Risk Management：From IT Necessity to Strategic Business Value," 工作论文 366，Center for Information Systems Research, MIT Sloan School of Management, Cambridge, MA, December 2006。

3. 尽管某些企业可能会选择增加另一企业目标进入列表，但是 4A 用一套简便、清晰的方法表述了受 IT 影响的企业的首要目标。如果你增加一项新目标，必须注意它是否真是独一的。例如，信誉风险通常是来自 4A 中一个或多个目标，这取决于其中哪一个对企业和客户更重要。把信誉也当作一个独立的风险，会使风险管理的权衡折中更加复杂，也只能为企业带来较少的额外效益。

4. George Westerman, Mark Cotteleer, Robert Austin, and Richard Nolan, "Tektronix, Inc.：Global ERP Implementation," Case 9-699-043（Boston：Harvard Business School, 1999）；Robert D. Austin, "Tektronix, Inc.：Global ERP Implementation," Teaching Note 5-602-078（Boston：Harvard Business School, 2001）；and Tektronix Annual Reports from 1999-2001.

5. Hunter, Westerman, and Aron, "IT Risk Management：A Little Bit More Is a Whole Lot Better."

6. Richard Woodham and Peter Weill, "Manheim Interactive：Selling Cars Online," 工作报告，第 314 页，Center for Information Systems Research, MIT Sloan School of Management, Cambridge, MA, February 2001。

7. 如上。

8. Virtual Services, Inc. 是一个化名。

第二章

1. 三项核心修炼的构架最早由 George Westerman 提出，参见 "Building IT Risk Management Effectiveness," Research Briefing IV（2C）（Cambridge, MA：Center for Information Systems Research, MIT Sloan School of Management, July 2004）。随后在诸多著述中得到提炼，例如 Richard Hunter, George Westerman, and Dave Aron, "IT Risk Management：A Little Bit More Is a Whole Lot Better," Research Report（Stamford, CT：Gartner Executive Programs, February 2005）；和 George Westerman, "IT Risk Management：From IT Necessity

to Strategic Business Value," working paper 366, Center for Information Systems Research, MIT Sloan School of Management, Cambridge, MA, December 2006.

2. Dave Aron and Andrew Rowsell-Jones, "Get Real: The Future of IT Infrastructure," Research Report (Stamford, CT: Gartner Executive Programs, December 2004).

3. Celanese 的相关资料来自 George Westerman 在 2004 年和 2005 年对 Karl Wachs 和公司高层 IT 管理团队其他成员的访谈材料。总结和相关引用都列入了 "IT Risk Management: Four CIO Vignettes," video (Cambridge, MA: Center for Information Systems Research, MIT Sloan School of Management, 2005).

第三章

1. ChipCo 是一个化名。

2. Dave Aron and Andrew Rowsell-Jones, "Get Real: The Future of IT Infrastructure," Research Report (Stamford, CT: Gartner Executive Programs, December 2004).

3. 如上。

4. Robert Ridout, global CIO, DuPont, interview by Richard Hunter, tape recording, July 11, 2006.

5. Jim Barrington, interview by George Westerman and Peter Weill, in Peter Weill et al., "Effective IT Oversight: Experienced CIOs Comment," video (Cambridge, MA: Center for Information Systems Research, MIT Sloan School of Management, 2005).

6. IT 风险塔形结构在不同阶段经过下述论文的提炼：Richard Hunter, George Westerman, 和 Dave Aron, "IT Risk Management: A Little Bit More Is a Whole Lot Better," Research Report (Stamford, CT: Gartner Executive Programs, February 2005); George Westerman, "The IT Risk Pyramid: Where to Start with Risk Management," Research Briefing V (1D) (Cambridge, MA: Center for Information Systems Research, MIT Sloan School of Management, March 2005); George Westerman, "IT Risk Management: From IT Necessity to Strategic Business Value," working paper 366, Center for Information Systems Research, MIT Sloan School of Management, Cambridge, MA, December 2006。

7. "Case Studies in Crisis Management: How Wal-Mart, FedEx and Home Depot Got the Job Done," *Fortune*, September 21, 2005.

8. Roberta Witty, "Business Continuity Management Today: From Hurricanes to Blackouts to Terrorism" (paper presented at Gartner IT Security, Washington, DC, June 5-7, 2006).

9. 如上。

10. Chuck Tucker and Richard Hunter, "September 11: Business Continuity Lessons," Research Report (Stamford, CT: Gartner Executive Programs, May 2002).

11. 我们调查的几个公司指出，它们外包它们的 IT 运营，因为供应商提供的灾难恢复服务比它们自己做的成本花费更低和有效。

12. Tucker 和 Hunter, "September 11."

13. 2005 年 10 月 26 日 George Westerman 对 Vipul Shah 和 Manishwar Singh 的电话访谈

注释

录音带。

14. Bob Sullivan, "Huge Identity Theft Ring Busted—Help-Desk Worker Alleged Point Man in Theft of 30,000 IDs," with the Associated Press, MSNBC.com, November 25, 2002, http://www.msnbc.msn.com/id/3078518/.

15. John Pescatore and Avivah Litan, "Data Protection Is Less Costly Than Data Breaches," Research Note G00130911 (Stamford, CT: Gartner, September 16, 2005).

16. 如上。

17. David Colker and Joseph Menn, "ChoicePoint Had Earlier Data Leak," *Los Angeles Times*, March 2, 2005.

18. 这些不包含十八项主要"应用控制"(包含诸如下列元素:数据的产生/授权管理,数据录入控制,数据处理控制,数据输出控制和边界范围控制)因为,正如 COBIT 4.0 指出,"[t]he operational management and control responsibility for application controls is not with IT, but with the business process owner." COBIT 4.0 材料参见 http://www.isaca.org/.

19. ITIL 相关资料参见 http://www.itil.co.uk。ISO 17799 资料参见 www.iso.org。

20. PricewaterhouseCoopers and IT Governance Institute, "IT Governance Global Status Report—2006," http://www.isaca.org/AMTemplate.cfm?Section = ITGI _ Research _ Publications&Template=/ContentManagement/Content Display.cfm&ContentID=24224.

21. Richard Hunter and Matt Light, "Methodology and Productivity Study: The Data," Research Note SPA-480-1505 (Stamford, CT: Gartner, June 27, 1997); Richard Hunter and Matt Light, "Methodology and Productivity Study: The Analysis," Research Note SPA-480-1506 (Stamford, CT: Gartner, June 27, 1997).

第四章

1. Dale Buss, "Nightmare," *Context Magazine*, Spring 1998.

2. George Westerman, Mark Cotteleer, Robert Austin, and Richard Nolan, "Tektronix, Inc.: Global ERP Implementation," Case 9-699-043 (Boston: Harvard Business School, 1999); Robert D. Austin, "Tektronix, Inc.: Global ERP Implementation," Teaching Note 5-602-078 (Boston: Harvard Business School, 2001); and Tektronix Annual Reports from 1999-2001.

3. 如上。

4. Richard Hunter 对 Amerada Hess 的 CIO 信息官 Richard Ross 的访谈,材料出自 Richard Hunter and Dave Aron, "From Value to Advantage: Exploiting Information," Research Report (Stamford, CT: Gartner Executive Programs, June 2004).

5. HUD 相关资料和引用出自 Richard Hunter 和 Dave Aron 对 Lisa Schlosser 的首席信息官的访谈, "High Value, High Risk: Managing the Legacy Portfolio," Research Report (Stamford, CT: Gartner Executive Programs, September 2006)。

6. 源自 Hunter and Aron, "High Value, High Risk"。

7. 如上。

8. Westerman et al., "Tektronix, Inc."; Austin, "Tektronix, Inc." Teaching Note; and

Tektronix Annual Reports from 1999-2001.

9. 源自 Hunter and Aron, "High Value, High Risk."

10. Amerada Hess 相关资料和引用取自 Richard Hunter 对 Amerada Hess 首席信息官的访谈，参见 Hunter and Aron, "From Value to Advantage"。

11. 数据集市是对多个数据源进行整合、协同的一种应用，通常用来做报告和分析。

12. 该部分引自 Hunter and Aron, "High Value, High Risk"。

13. Richard Hunter 对 Amcor 的首席信息官 Rob Pyne 访谈，参见 Hunter and Aron, "High Value, High Risk"。

14. FAIT 相关资料和引用源自 Richard Hunter 对加拿大的 FAIT 的首席信息官 Pierre Sabourin 的访谈，参见 Richard Hunter and Dave Aron, "High Value, High Risk"。

第五章

1. 该部分资料取自 Westerman and Robert Walpole, "PFPC：Building and IT Risk Management Competency," working paper 352, Center for Information Systems Research, MIT Sloan School of Management, Cambridge, MA, April 2005。

2. 我们看到在不同组织用这两种方式排列流程都很有效。某些组织没有设置企业信息官（或者专职领导，或其他职位）。在许多情形，IT 风险官通常向 CIO 报告。

3. PFPC 相关资料源自 Westerman and Walpole, "PFPC"。

4. 在许多企业，包括诸如 PFPC 之类的大型金融服务企业，将 IT 风险列入头等重要风险之列是不寻常的，这带来很大的潜在影响，例如信用风险和市场风险。正如前述，在 IT 的重大转型中，将 IT 风险列入头等重要风险之类是不常见的。在我们研究的两个企业，IT 转型风险是列在头等五个重要企业风险之列，董事会会定期地检讨它们。

5. Richard Hunter, George Westerman, and Dave Aron, "IT Risk Management：A Little Bit More Is a Whole Lot Better," Research Report (Stamford, CT：Gartner Executive Programs, February 2005)。风险记录(risk register)是连续记录风险及其状态。它记录所有确认了的风险，以便对它们进行比较和监视，确保随时可以轻易检查任何一个风险的状态。换言之，风险记录是企业对风险的官方记录及所做的计划。由此可见，风险记录是能确保有效的风险治理流程的重要工具。在本章稍后我们会对风险记录做更详细的讨论。

6. Tom Prince, multiple phone and in-person interviews by George Westerman, tape recording, Portsmouth, NH, February 2, 2004, and Cambridge, MA, 2004-2006。

7. 我们与许多风险经理谈到过更复杂的方法，例如蒙特卡罗法分析（Monte Carlo analysis），但是，我们还没有与任何人谈到此方法，它如此值得花时间和精力，在项目管理中的应用远不止于风险评估。

8. Stephanie Overby "Bound to Fail," *CIO*, May 1, 2005；and Bob Driehaus, "How It Happened：Onslaught Overtaxed an Old Computer," *Cincinnati Post*, December 28, 2004。

9. Richard Hunter and Kristen Noakes-Frye, "Case Study：Information Security Governance at TeliaSonera," Research Note G00136835 (Stamford, CT：Gartner, February 28, 2006)。

10. TeliaSonera 集团领导团队的成员轮流负责针对 IT 风险治理结构的实施水平展开

检查。

11. 旨在处理规章之外问题的 TeliaSonera 的协作方法还进一步得到了结构化提升流程的支持,因此,协作不是确保遵从规章的唯一手段。

12. 这里所述的 PFPC 资料和引用源自 Westerman 和 Walpole,"PFPC"。

第六章

1. 典型的网络钓鱼攻击是假冒银行,例如 eBay,Paypal 或者其他著名的商家,发送紧急邮件,要求邮件接收人登录某个网站,输入它们的 ID、密码和其他敏感信息;罪犯通过操纵这个假冒的网站,寻机偷窃个人信息,实施谋财诈骗。参见 Susannah Fox,*Spyware*(Washington, DC:Pew Internet & American Life Project,July 6,2005)。

2. Amy Edmondson,"Psychological Safety and Learning Behavior in Work Teams," *Administrative Science Quarterly* 44,no.2(1999):350-383.

3. Don Peppers and Martha Rogers,"The New ChoicePoint:一个关于隐私保护的成功案例," *Inside 1to1:Privacy*,December 14,2006。

4. 这个案例的所有材料是基于在美国德州达拉斯市 George Westerman 对 Karl Wachs 和 Celanese 管理团队的其他成员的访谈,由 Scott Berinato 补充,"A Day in the Life of Celanese's Big ERP Rollup," *CIO*,January 15,2003. 取自 Karl Wachs 材料的相应引用也包含在"IT Risk Management:Four CIO Vignettes,"video(Cambridge,MA:Center for Information Systems Research,MIT Sloan School of Management,2005)。

5. 在 2003-2006 年间,George Westerman 对 Patrick Purcell 的多次访谈资料。引用也包含在"IT Risk Management:Four CIO Vignettes"。

6. 这个案例研究所用的资料源自以下材料:2003 年 3 月 Richard Hunter 对 Janet Nudds 的访谈,2004 年对 BOC 公司在线服务全球安全经理 John Goddard 的访谈。该材料最早发表在 Richard Hunter 的 "IT Risk Management:The Office of the CIO Action Plan," Research Report (Stamford,CT:Gartner,December 2006)。

7. 选定的项目风险是 IT 风险管理的首要目标。高德纳的研究发现,一个典型的 IT 组织花费其近 20% 的开发资源在失败的项目上,如果利用一个简单的程序尽早发现项目是否存在一个或多个关键的成功因素缺失,那么可以减少 50% 以上的浪费。参见 Richard Hunter,George Westerman,and Dave Aron,"IT Risk Management:A Little Bit More Is a Whole Lot Better," Research Report(Stamford,CT:Gartner Executive Programs,February 2005)。

8. BOC Group Annual Report 2003.

第七章

1. Royal Bank of Canada Annual Report 2004(参见 http://www.rbc.com/investorrelations/ar_04.html)。

2. Bob Tedeschi,"Privacy Is Common Issue Online," *New York Times*,June 3,2002.

3. EquipCo 是一个化名。

4. PartCo 是一个化名。

5. IT 治理的研究表明，这是衡量一个成功的 IT 治理安排的最有力的指示。参见 Peter Weill and Jeanne Ross, *IT Governance: How Top Performers Manage IT Decisions Rights for Superior Results* (Boston: Harvard Business School Press, 2004)。

6. 2005 年 5 月 Richard Hunter 对微软 IT 安全团队的访谈材料。

7. Survey of Gartner Executive Programs membership in the United States, Europe/Middle East/Africa, and Asia Pacific regions, June 2005.

8. Paul Erbach, interview by Richard Hunter, in Richard Hunter, George Westerman, and Dave Aron, "IT Risk Management: A Little Bit More Is a Whole Lot Better," Research Report (Stamford, CT: Gartner Executive Programs, February 2005).

9. Hans-Henrik Mejloe, interview by Dave Aron, in Dave Aron and Patrick Meehan, "Driving Enterprise Agility," Research Report (Stamford, CT: Gartner Executive Programs, April 2005)。

第八章

1. Jess J. Holland, "ChoicePoint ID Thefts Prompt Hearings," Associated Press, February 24, 2005; and Tom Zeller Jr., "U.S. Settles with Company on Leak of Consumers' Data," *New York Times*, January 27, 2006.

2. 在 2006 年 3 月 31 日，美国众议院的能源与商务委员会一致同意通过了一项数据保护法案 Data Accountability and Trust Act, 也称作 HR 4127。法案规定一旦数据被泄露，如果有证据表明存在个人数据遭窃的严重风险，企业机构必须通告个人数据被非法窃用。法案还要求数据经营者必须建立安全保障制度，以及对发生过数据泄露的组织进行审计。参见 http://thomas.loc.gov/cgi-bin/query/z? cl09:H. R.＋4127。

由参议院司法委员会主席参议员 Arlen Specter (R-PA) 和委员会列席成员参议员 Senator Patrick Leahy (D-VT) 提议的个人资料隐私与保护 2005 年法案的主要条款包括（1）加大力度惩处涉嫌利用个人电子数据盗窃他人身份的犯罪和涉嫌利用个人数据进行计算机诈骗的犯罪。（2）对于个人资料泄密隐而不报的行为，按犯法论处。而且，企业必须给个人机会、准许个人进入修改由数据经营商管理的个人资料；建立内在制度保护数据，审查数据处理的第三方机构；一旦发生个人敏感数据泄露，要通知本人和执法机构。参见 http://leahy.senate.gov/press/200506/062905a.html。

3. "一些经验数据表明，私下交易的频率增加强化了对萨宾斯法案的遵从。" Marc Morgenstern, Peter Nealis, and Kahn Kleinman, LPA, "Going Private: A Reasoned Response to Sarbanes-Oxley?" U.S. Securities and Exchange Commission, 2004, http://www.sec.gov/info/smallbus/pnealis.pdf. See Grant Thornton LLP, "Post Sarbanes-Oxley: 公共企业转为私人企业的数量增加了 30%。"参见 2003 年 12 月 15 日 http://www.grantthornton.com 网站内容（这篇文章提到，在法案实施后的 16 个月与实施前的同期相比，转为私营企业的数量增加了 30%）。David A. Stockton et al., "Going Private: The Best Option?" *National Law Journal*, June 23-30, 2003（这些作者援引一项由 FactSet Mergerstat 主持的研究，该研究指出通过并购

私有化企业的交易数量在2001年到2002年增加了23.7%）。参见Stephen Pounds,"Software Firm Grabs the Bootstraps," *Palm Beach Post*, December 29, 2003（这篇文章注明,与12个月之前的75家美国企业相比,在截至2003年之前的12个月95家美国企业进行了私有化）。但是,参见Gregory R. Samuel and Sally A. Schreiber, *Going Private Transactions*, 40-SPG TEX. J. BUS. LAW 85, 88 (2004)（这些作者观察到,从2002年到2003年,私有化交易数量减少）。"无穷无尽的事烦恼着你,你不禁要问'我为什么还要当一家公共公司呢?'" Pounds, "Software Firm Grabs the Bootstraps" (quoting Marc Morgenstern)。

4. Emma Connors and Eric Johnson, "Banks Double Basel II Spending," *Australian Financial Review*, April 10, 2006.

5. Tina Nunno对Paul Erbach的访谈材料,参见Tina Nunno, Marcus Blosch, 和Lily Mok, "Emerging Markets—A'Lite'Touch," Research Report (Stamford, CT: Gartner Executive Programs, February 2006)。

6. See, for example, http://www.bankofamerica.com/privacy/sitekey/, or click on the "Prevent Password Theft" tab at https://login.yahoo.com/config/login_verify2? &r.src=ym.

7. Andrew Kantor, "Sony: The Rootkit of All Evil?" *USA Today*, November 17, 2005, http://usatoday.com/tech/columnist/andrewkantor/2005-11-17-sony-root kit_x.html; and Bruce Schneier, "Real Story of the Rogue Rootkit," Wired News, November 17, 2005, http://www.wired.com/news/privacy/0,1848,69601,00.html.

8. Richard Hunter, *World Without Secrets* (New York: Wiley, 2002).

9. Clive Thompson, "Google's China Problem (And China's Google Problem)," *New York Times Magazine*, April 23, 2006.

10. OSF HealthCare come 的相关资料和引用源自Richard Hunter对Michael Nausman的访谈,参见Richard Hunter and David Aron, "High Value, High Risk: Managing the Legacy Portfolio," Research Report (Stamford, CT: Gartner Executive Programs, September 2006)。

关 于 作 者

乔治·韦斯特曼是麻省理工学院斯隆管理学院信息系统研究中心的一名科学家。他主要致力于研究首席信息官层面的论题,比如风险管理,改革创新和IT价值。他以实践为导向,用严密的学术方法为IT和非IT的高管提出IT管理建议。他的研究在众多的案例研究报告、论文、书籍、企业报告上发表。

乔治也是麻省理工学院斯隆高管(IT和非IT)教育课程的主席。他获得哈佛商学院的博士学位,在IT和管理领域拥有超过15年的专业经验。他在许多企业活动中做过演说家,并且定期给企业在IT管理领域担当顾问。

理查德·亨特是高德纳高管项目的副会长和研究主管,在该项目中他近期的工作主要集中在首席信息官的信息安全和IT风险管理问题上。亨特是畅销书《没有秘密的世界》的作者[威立出版社(Wiley),2002]。他作为演说家和顾问也很受欢迎。

亨特在2003年被推选为高德纳的会员。他从哈佛大学获得了音乐学士学位。他一直从事作曲和表演,是世界级的口琴演奏家。他还是世界上最畅销的关于爵士和摇滚口琴演奏的方法技巧一书的作者(Oak出版,1980)。